MY
JOB
나의 직업

어쩌면 당신의 시선

CONTENTS

Part One

History

Part Two

Who & What

Part Three

Get a Job

Part Four

Insight

Part One

History

항공사 유니폼을 입고 두 손을 가지런히 모은 여성 객실 승무원의 모습을 쉽게 떠올릴 수 있을 것이다. 우리가 실제 항공기에서 마주하는 대다수 객실 승무원 역시 여성이다. 하지만 놀랍게도 객실 승무원의 시작은 남성이었다.

객실 승무원의 등장

항공기 승무원 중 비행을 하는 승무원은 운항 승무원과 객실 승무원으로 나뉜다. 운항 승무원은 우리가 흔히 말하는 조종사를 의미한다. 일반적으로 항공기에 탑승하는 운항 승무원은 기장(Captain)과 부기장(First Officer)이며, 기장은 운항 중에 있는 항공기에 대한 최종 결정권을 가지고 있다. 이와 달리 객실 승무원은 항공기의 안전 운항을 위해 기장을 보좌하여 운항 중의 승객 안전과 항공 보안에 대한 임무를 수행한다. 운항 승무원이 항공기의 비행 업무를 담당한다면 객실 승무원은 승객 서비스 업무와 안전 업무를 맡는다. 그렇다면 친절한 미소로 승객 서비스를 담당하는 항공기 객실 승무원은 언제, 어떻게 생겨났을까?

애초 항공기에 탑승하는 승무원은 조종실에 근무하는 운항 승무원 밖에 없었다. 따라서 운항 승무원은 항공기의 운항은 물론 승객 서비스까지 담당해야 했고, 부조종사가 승객에게 간단한 음료서비스를 제공했다. 운항 승무원이 고객 서비스를 제공할 수 있었던 이유는 운항시간이 지금과 같이 길지 않았던 데다, 탑승객 수 역시 적었기 때문이다. 하지만

여객기의 발달과 승객 수의 증가로 부조종사가
이를 감당할 수 없게 됨에 따라 자연스레 객실
전용 승무원이 생겨나게 되었다.

과거 우리는 항공기 객실 승무원을 생각할 때
흔히 단정한 여성의 이미지를 떠올렸다. 드라마
등 언론에 노출되는 객실 승무원의 대다수가
여성이었으며, 항공사의 광고에도 항상 미소 띤
여성 객실 승무원이 등장했다. 푸른색의 항공사
유니폼을 입고 두 손을 가지런히 모은 여성
객실 승무원의 모습을 쉽게 떠올릴 수 있을
것이다. 우리가 실제 항공기에서 마주하는
대다수 객실 승무원 역시 여성이다. 하지만
놀랍게도 객실 승무원의 시작은 남성이었다.

최초의 여성 승무원 앨런 처치(Ellen Church)

앨런 처치와 동료 객실 승무원

고객 서비스 시작

세계 최초로 객실 승무원을 탑승시킨 곳은 독일이다. 1928년 독일의 '루프트한자 항공사(Lufthansa Airlines)'는 남성을 객실 승무원으로 채용해 서비스를 시작했다. 우리에겐 다소 낯설 수도 있지만 당시 유럽에서는 상류층이 주로 이용하는 비행기나 여객선의 서비스를 남성이 담당했다. 이러한 문화에서 남성이 세계 최초의 객실 승무원이 된 것은 어쩌면 당연한 것일 지도 모르겠다.

한편 여성 승무원이 등장한 것은 이로부터 2년 후인 1930년이다. 미국 '보잉항공수송회사(Boeing Air Transport Co.)'가 여성 간호사를 승무원으로 탑승시킨 것이 그 시작이다. 보잉항공수송회사는 현재의 유나이티드항공의 전신이다.

최초의 여성 항공기 승무원은 미국 아이오 와주 출신의 25세 간호사 앨런 처치(Ellen Church) 였다. 당시 그녀는 미네소타대학 간호학교를 졸업하고 샌프란시스코 프렌치병원에서 일을 하고 있었다. 앨런 처치는 조종사로 취업하길 희망했지만 보잉사로부터 거듭 거절을 당했다. 당시만 해도 조종사는 남성만이 할 수 있는 직업이었기 때문이다. 하지만 하늘을 날고자 하는 그녀의 열정은 쉬이 꺾이지 않았다. 앨런 처치는 끈질기게 보잉사의 문을 두드렸다. 당시 항공기는 성능 저하로 흔들림이 심했고, 이로 인해 비행 중 멀미를 호소하는 승객이 많았다. 이에 앨런 처치는 간호사 출신인 자신의 신분을 적극 활용하여 승객 간호 서비스를 훌륭하게 해낼 수 있음을 강조하였고, 결국 보잉사의 문은 열렸다. 그녀는 1930년 5월 15일부터 1개월간 객실 승무원으로 일할 수 있는 기회를 얻게 되었다. 앨런 처치는 비록 조종사의 꿈은 이루지 못했지만 객실

승무원으로서 비행을 시작할 수 있게 된 것이다.

보잉사는 앨런 처치의 승객 서비스가 호평을 받자 객실 승무원
제도를 본격 도입하게 되었다. 당시 보잉사에는 앨런 처치를
포함해 8명의 간호사가 샌프란시스코와 시카고를 정기 운항하는
여객기에서 근무를 시작했다. 이들은 커피와 샌드위치를
제공하는 것은 물론 승객의 건강을 돌보고 기내에서 발생하는
사소한 사고 등을 처리했다. 당시 여객기는 운항 중 연료를
보급하거나 승객의 식사를 위해 수차례 중간 기지에 착륙했으며,
이때 크고 작은 사고가 발생하기도 했다.

보잉사의 여성 객실 승무원 제도가 성공을 거두자 다른
항공사에서도 이 제도를 받아들이기 시작했다. 보잉사가 앨런
처치를 채용한 지 채 2년이 지나지 않아 미국의 20여 개 항공사가
여성 객실 승무원 제도를 도입한 것이다.

여성 객실 승무원 제도는 유럽으로도 확대되었다. 1931년
프랑스 항공사인 '파아망항공사(Farman Airlines)'가 국제선에 여성
객실 승무원을 탑승시켰으며, 1934년엔 '스위스항공(Swiss Air)'이,
이듬해엔 '네덜란드항공(KLM)'이 여성 객실 승무원 제도를
도입했다. 또 세계 최초의 객실 승무원을 도입했던
'루프트한자'가 남성에 이어 여성 객실 승무원을 채용함으로써
유럽 전역에서는 여성 승무원들의 활동이 대거 확대됐다.

남성 객실 승무원은 1960년대 들어 본격적으로 확대되기
시작했다. 미국의 '팬 아메리칸 항공(Pan American World
Airways)'은 국제 스튜어디스학교에서 16명의 남성 객실 승무원을
교육시키기며 전문 인력을 양성했다.

예전 객실 승무원 자격과 역할

한편 앨런 처치가 활약하던 시기에도 여성 객실 승무원의 자격
제한이 있었다. 나이는 25세 이하로 독신여성이어야 했으며,
신장(키)은 162cm 이하여야 했다. 최근까지도 대다수의 항공사가
여성 객실 승무원의 자격요건 중 신장을 '162cm 이상'으로
제한하고 있었던 것과는 반대다. 당시 객실 승무원의 키가
162cm로 제한되었던 이유는 항공기의 객실이 좁고 천장이 낮아
큰 키의 여성은 장시간 일을 할 수 없었기 때문이다. 한편 남성
객실 승무원의 경우에는 몸무게의 제한을 두고 있었다. 60kg
이하만 지원할 수 있었던 것이다. 이는 항공기의 안전을 위한
조치로, 남성 객실 승무원은 비행기에 오르기 전 저울로 몸무게를
재야했다.

당시 객실 승무원의 역할 역시 지금과 조금 달랐다. 객실 승무원들은 승객에게 차와 가벼운 식사거리를 제공하는 것은 물론 지상직 승무원의 역할인 탑승수속까지 담당했다. 또한 탑승하는 승객과 탑승명부를 일일이 대조하며 몸무게를 재는 한편 수하물의 무게를 측량하여 탑승을 시켰다. 몸무게를 재는 이유는 항공기의 안전을 위한 조치였다.

여성 객실 승무원의 복장 역시 지금과는 현저히 달랐다. 당시 여성 객실 승무원은 간호사와 유사하게 흰색 가운에 흰색 모자를 쓰는 것이 보편적이었다. 최초의 여성 객실 승무원이 승객의 건강을 보살피는 간호사에서부터 시작됐기 때문이다. 그러다 1, 2차 세계대전을 거치며 군복을 변형한 형태의 유니폼을 입었으며, 여성의 몸매를 강조하는 형태가 한동안 유행했다.

세계 최초의 여객 운송용 비행선인 체펠린(Zeppelin)

체펠린 항공편을 이용
하는 승객들에게 제공
되었던 라펠 핀

세계 최초의 비행선 객실 승무원

객실 승무원은 항공기가 아닌 비행선에서부터 시작했다. 1900년대 초반 비행체는 지금의 항공기가 아닌 비행선이었다. 비행선이란 헬륨이나 수소 등 공기보다 비중이 작은 기체를 주머니에 담아 하늘에 띄우는 것으로, 추진 장치와 조종 장치를 갖고 있는 경항공기의 일종이다. 비행선은 프로펠러 회전으로 움직였으며 유선형으로 만들어졌다. 당시 유럽에서는 비행선을 중심으로 항공교통이 발달했으며, 비행선의 발달로 항공기 산업이 성장하게 되었다.

세계 최초의 비행선 승무원은 독일의 하인리히 쿠비스 (Heinrich Kubis)이다. 그는 1912년 3월 '체펠린(Zeppelin)' 비행선에 탑승하며 객실 승무원을 시작했다. '체펠린'은 세계 최초의 여객 운송용 항공기인 경식 대형 비행선으로, 많은 사람이 탈 수 있었다. 경식 비행선이란 알루미늄으로 유선형의 선체를 만든 다음, 그 속에 여러 개의 수소 가스 주머니를 넣어 부력을 얻는 것이다.

'체펠린'에서의 쿠비스의 업무는 승객 서비스 부문이었다. 그는 원래 파리 리츠 호텔에서 근무했던 경력을 바탕으로 비행선에서 승객의 식사 등을 서비스하고 전반적인 업무를 담당했다. 초창기 비행선에는 쿠비스 단 한 사람만 승선해 업무를 수행했으나, 서비스가 다양화되며 요리사와 보조 업무 등을 담당하는 사람들이 함께 승선했다. '힌덴부르크(Hindenburg)' 호의 경우

10명에서 15명의 승무원이 함께 동승하기도 했다. '힌덴부르크'호는 길이가 점보제트기의 3배나 되고 높이는 13층 건물에 맞먹는, 당시 비행선 중 최대 크기였다.

한편, 1937년 5월 6일 '힌덴부르크'호는 미국 뉴저지 레이크허스트 해군 항공 기지(NAES : Naval Air Engineering Station)에 착륙하려다 폭발하는 대형 참사를 당했다. 비행선 꼬리 부근 위쪽의 외부 덮개에서 작은 화염이 버섯 모양으로 뿜어 오르는 것을 시작으로 비행선 전체가 화염에 휩싸인 것이다. 당시 '힌덴부르크'호에서 객실 서비스를 담당하고 있던 쿠비스는 마지막까지 비행선에 남아 승객들을 대피시키고 자신은 제일 마지막으로 탈출했다. 당시만 해도 객실 승무원의 안전 업무에 대한 정확하고 구체적인 매뉴얼이 없었음에도 쿠비스는 자신보다는 승객의 안전을 우선시하고 승객의 대피를 도운 것이다. 이 일로 인해 쿠비스는 객실 승무원의 항공안전(Aviation Safety) 임무와 역할을 제시했다는 평을 받았다.

힌덴부르크호 제작 중의 모습

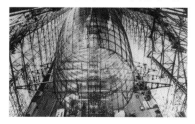

우리나라 객실 승무원의 시작은 1948년이다. 미국 항공사인 '노스웨스트 항공(North West Airlines)'이 국내에 취항하며 한국인 여성을 현지 승무원으로 채용한 것이다.

이후 대한국민항공사가 1954년 서울~타이페이~홍콩 노선을 시작으로
국제선을 취항하며 객실 승무원이 하나의 직업으로 주목받기 시작했다.

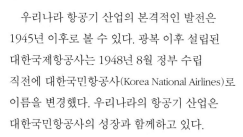

우리나라 항공기 산업의 본격적인 발전은
1945년 이후로 볼 수 있다. 광복 이후 설립된
대한국제항공사는 1948년 8월 정부 수립
직전에 대한국민항공사(Korea National Airlines)로
이름을 변경했다. 우리나라의 항공기 산업은
대한국민항공사의 성장과 함께하고 있다.

대한국민항공사는 정부 수립 이후 미국에서
시틴슨(Stinson)기 3대를 도입하며 정기 여객
노선으로 서울~부산 간을 취항했다. 이후
1950년 12월에는 미국에서 DC-3기 2대를
도입해 옴으로써 항공회사로서의 발판을

굳히게 되었다. 이 같은 항공기 및 항공 산업의
외향적 성장은 내부의 서비스 질 개선, 즉 객실
승무원 제도가 도입으로 이어지게 되었다.

우리나라 객실 승무원의 시작은 1948년이다.
미국 항공사인 '노스웨스트 항공(North West
Airlines)'이 국내에 취항하며 한국인 여성을
현지 승무원으로 채용한 것이다. 이후
대한국민항공사가 1954년 서울~ 타이페이~
홍콩 노선을 시작으로 국제선을 취항하며 객실
승무원이 하나의 직업으로 주목받기 시작했다.
특히 대한국민항공사는 1957년 3월 여성 객실

승무원의 호칭을 '호스티스'에서 '스튜어디스'로 공식 변경하기도 했다.

우리나라에서 객실 승무원이 본격적으로 활성화된 시기는 1960년대다. 1961년 1월 대한국민항공사가 낸 여성 객실 승무원 모집에는 지원자가 대거 몰리며 직업으로서의 객실 승무원의 인기를 반증하기도 했다. 당시 대한국민항공사의 객실 승무원 4명 정원에 지원자가 315명이나 몰리며 78.75대1의 경쟁률을 기록했다. 해외여행이 자유롭지 못했고, 경제적 여유도 부족했던 당시

우리나라에서 객실 승무원이 선망의 대상으로 떠오른 것이다. 더군다나 당시에는 외국 여성 객실 승무원들이 한국을 방문하기만 해도 신문 사회면에 화제 기사로 보도되었다.

그렇다면 당시 객실 승무원의 지원 요건은 무엇이었을까? 초기 여성 객실 승무원의 지원 요건은 신체적인 요소가 대부분이었다. 단정한 용모와 균형 잡힌 몸매, 미혼의 여성만이 객실 승무원에 지원할 수 있었다. 객실 승무원의 신체 요건 중 가장 중요시 되던 키는 시간이 흐르며 점점 커졌다. 1969년 157cm 이상 이었던

것이 1978년에는 160㎝ 이상으로 바뀌었으며,
1981년에는 162㎝ 이상으로 커진 것이다.

지원 요건이 달라짐과 함께 채용 절차에도
변화가 생겼다. 신체검사 및 면접으로 이뤄지던
채용 절차에 체력 검정이 추가된 것이다.
1981년에는 '디딤대 오르내리기', '옆으로 걷기'
등을 테스트했으며, 2004년부터는 25m 왕복
수영 테스트가 추가됐다.

한편 남성 객실 승무원 역시 확대되었다.
대한항공은 1969년 YS-11기 납북사건 이후
국내선에 남자 객실 승무원 1명씩을

탑승시켰으며, 이후 그 수는 더 증가했다.
1995년에는 항공사 남성 객실 승무원 최초로
정년퇴임을 하기도 했다. 권문언 씨는
1만8,680시간 탑승하며 당시 남자 객실
승무원으로서는 국내 최장기록을 보유하기도
했다.

03 항공관광(여객) 산업 현황과 전망

지구촌 사회라는 말에 걸맞게 나라 간의 이동이 많아지고 있다. 항공기를 이용하는 사람의 수가 많아짐에 따라 그와 연계된 직업에 대한 선호도 역시 증가하고 있다.

여성들이 선호하는 직업 중 하나가 항공기 객실 승무원이다. 과거와 달리 최근에는 남성들의 진출이 활성화되며 금남의 영역이란 이미지 역시 사라진지 오래다. 여기에 해외여행의 증가와 휴식과 여유를 중요시하는 문화현상으로 여행과 일, 두 마리 토끼를 동시에 잡을 수 있는 객실 승무원이 남녀 모두 선호하는 직업 중 하나로 손꼽히고 있다. 그렇다면 남녀를 막론하고 각광받고 있는 객실 승무원의 직업으로서 전망은 어떨까.

항공관광산업의 현황

우리나라 항공관광산업은 꾸준히 성장세를 보이고 있다. 국제 유가가 하락하는 데다, 대륙간 장거리 노선 및 중국선, 동남아선 등 중거리 노선이 확대되며 항공 산업이 날개를 달았다. 여기에 저비용항공사(LCC)가 중거리 노선을 중심으로 성장을 지속하는 한편, 인천국제공항 환승여객도 증가하고 있다. 2016년에는 항공 여객 수가 1억 391만 명으로 역대 최고 여객 실적을 기록했고, 2019년에도 여객수가 1억 233만명으로 1억명 이상이 유지되어 항공관광 산업에 파란불이 들어온 상태이다.

대한민국을 방문한 외국인 관광객과 항공 여객 이용의 구체적인 수치를 살펴보면 다음과 같다. 2016년 대한민국을 방문한 외국인 관광객은 1,700만 명을 넘었다. 이는 2015년 대비 30% 포인트 증가율로, 최근 10년 내 가장 높은 성장률이다. 2019년에도 1,700만명을 넘어서 계속 유지되고 있는 가운데 항공 여객을 이용한 수는 1억 2,336만명에 달한다. 2013년 7,334만 261명에서 성장해 연간 1억 명의 벽을 계속해서 넘어 선 것이다. 구체적으로 살펴보면, 국내선 여객 실적은 2019년 3,298만명으로,

항공사별 점유율로 보면 대형 항공사(FSC)가 42.2%, 저비용항공사가 57.8%를 차지하고 있다. 2013년에 대형 항공사가 약 3.6% 포인트 앞섰던 것을 역전해 저비용항공사 점유율이 절반을 넘어 선 것이다. 국내선 여객수송 성장률은 최근 5년 사이에 가장 높은 수치를 기록하고 있다. 이러한 성장 요인은 제주항공 등을 중심으로 제주기점 국내선 신규노선 개설과 공급 확대, 그리고 제주를 찾는 내국인은 물론 외국인 관광객이 증가했기 때문이다. 또한 2019년에는 양양공항을

기점으로 하는 플라이강원 항공사가 첫 취항을 했다. 국제선 여객 실적은 2015년보다 19.2% 증가한 9,038만명으로, 지역별로는 동아시아 2,600만 명, 중국 1,843만 명으로 각각 20.2%, 20.5%가 증가했다.

항공사별로 살펴보면 다음과 같다. 2019년 대한항공을 이용한 전체 여객 수는 2,761만 명으로, 국내선이 27.4%, 국제선이 72.6%를 차지했다.

아시아나 항공은 전체 여객 수가 2,015만 명으로 6.1% 증가했다. 2015년 대비

국적항공사란?

국적을 가진 항공사로 대한항공, 아시아나항공, 제주항공, 진에어, 에어부산, 이스타항공, 티웨이항공, 에어서울은 대한민국 국적을 가진 국적항공사다.

저비용항공사란?

항공기 기종의 단일화, 정비 소요 시간 최소화, 좌석 등급제 폐지, 기내식 미제공 등을 통하여 운영 비용을 줄여서 항공 운임을 낮춘 항공사를 말한다. 영어로는 Low Cost Carrier(LCC)라고 한다. 우리나라에서는 저가항공사라고 부르기도 한다.

최초의 저비용항공사는 미국의 사우스웨스트항공(Southwest Airlines)으로 1971년에 출범했다. 이후 1991년에 유럽에서는 라이언에어(Ryanair), 2001년에 아시아에서는 에어아시아(AirAsia)가 설립되면서 전 세계적으로 저비용항공사가 등장하게 되었다.

제주항공은 65%, 에어부산 52.9%, 진에어 59.9%, 이스타항공 56.7%, 티웨이항공은 78% 여객이 증가했다. 국내선 여객의 경우에는 저비용항공사의 공급 확대와 제주 및 내륙 노선 수요 확대, 국제선 여객의 경우에는 저비용항공사의 노선 확대로 실적이 크게 증가했다.

하지만 2019년 12월부터 시작된 코로나 바이러스가 전세계의 항공 여객 시장에 엄청난 타격을 주었다. 항공 여객의 수가 급격하게 줄어들어 항공산업이 위기에 빠져있는 상태이다.

코로나 바이러스 이전의 상황만 놓고 보았을 때 지난 2019년 항공 여객을 이용한 수는 물론 국내 항공사 국내·국제선이 가파른 성장세를 보였다. 이러한 국내 항공 여객산업의 성장은 사회·문화·경제적 요소에 따른 결과로 볼 수 있다. 지난 몇 년 동안 세계적인 금융위기로 인해 경제가 침체되고 신종플루와 에볼라 등 각종 전염병이 도는 탓에 해외여행을 하려는 사람이 다소 주는 듯했지만, 경제 상황이 차츰 회복되면서 해외여행을 하는 사람이 늘어나고 있는 추세다. 국민 소득수준이 높아지며 해외여행이나 유학 이민 등의 이유로 항공기를 이용하는 수가 증가하고 있는 것도 하나의 이유다. 여기에 한류 역시 지속적인 효과를 내고 있다. 가깝게는 일본과 중국에서부터 멀리는 중남미까지 한류열풍이 불고 있다. 국내 개최 K팝 콘서트의 관광 상품화가 활성화되고 있으며, 여기에 한국에서 공연관광축제 등 국제행사를 개최하는 사례가 늘어나면서 우리나라를 찾는 외국 관광객의 수도 증가하고 있다. 따라서 코로나19로 인한 상황이 회복 되는순간 우리나라 항공관광산업에 파란불이 들어와 성장세가 지속될 것으로 보인다.

객실 승무원 전망

항공관광산업이 발전을 거듭함에 따라 연계 직종 또한 주목받고 있다. 국내외 항공 수요의 증가로 객실 승무원으로의 취업 기회가 확대되고 있는 것이다. 더군다나 그간 대한항공, 아시아나항공 등 대규모 항공 위주였던 국내 항공 산업이 최근 저렴한 가격을 앞세운 저비용항공사들의 등장으로 다양화되고 있다. 저비용항공사는 출범 10년 만에 연평균 6%의 성장세를 보이며 국내선에서 시장점유율 50%를 넘어서는 등 파죽지세로 시장 장악에 나서고 있다. 객실 승무원 등 신규인력 채용 역시 증가할 수밖에 없는 것이다.

대한항공은 2015년에는 객실승무원 부문에 대해 약 900명으로 채용을 확대했다. 최근 매년 약 600명 규모의 객실 승무원을 채용했다는 점을 감안하면 약 50% 늘어났다. 신규 노선 확대 등 공급 증대 및 차세대 중·대형기 항공기의 지속적인 도입에 따라 객실승무원 수요가 대폭 늘어났기 때문이다. 그러나 2017년에는 약 180명을 채용하면서 채용 규모가 눈에 띄게 줄어들었다. 아시아나항공은 특별한 경우가 아니면 연 240명 정도의 채용을 하고 있다.

반면 매년 성장하면서 몸집이 커지고 있는 저비용항공사는 인력을 늘리고 있다. 진에어는 2015년부터 매년 객실 승무원을 약 180~200여명 채용하고 있으며, 에어부산은 신규 항공기 3대를 도입함에 따라 추가 채용이 활발하게 이루어지고 있다. 제주항공과

티웨이항공은 2017년 상반기 400명의 대규모 신규채용을 진행한데 이어 하반기에도 추가 채용이 진행되었다.

이 같은 추세에 따라 객실 승무원이 되고자 하는 예비 객실 승무원들의 수 역시 증가하고 있다. 여성 객실 승무원에 비해 채용 인원이 월등히 적은 남성 객실 승무원의 경우 경쟁률이 244대 1을 기록하며 그 인기를 실감하게 하고 있다. 지난 2014년 아시아나항공 남성 객실 승무원 공채에서 11명 선발에 2,684명이 몰린 것이다. 아시아나항공 남성 객실 승무원 공채에는 최근 3년 연속 200대 1을 넘는 경쟁률을 보여 왔으며, 여성 객실 승무원 역시 연평균 120대 1의 경쟁력을 기록해 왔다.

지구촌 사회라는 말에 걸맞게 나라 간의 이동이 많아지고 있다. 항공기를 이용하는 사람의 수가 많아짐에 따라 그와 연계된 직업에 대한 선호도 역시 증가하고 있다. 항공운항과, 항공관광서비스학과, 스튜어디스학과 등의 학과를 개설하는 대학들이 늘어나는 추세를 보면, 객실 승무원이라는 직업에 대한 사회적 관심이 얼마나 높아졌는지 알 수 있다. 항공광관산업의 성장에 발맞춰 직업으로써의 객실 승무원의 미래는 밝을 것으로 보인다.

Part Two

Who & What

객실 승무원은 국내외로 여행하는 수많은 외국인과 접하며 민간 외교관 역할을 수행한다. 항공기는 다양한 국적과 여러 계층의 승객이 이용한다. 객실 승무원은 대한민국을 방문하는 이들이 처음 만나는 사람이다.

항공기 객실 승무원은 항공기에 탑승하여 비상탈출 진행 등의 안전업무와 승객의 편안한 비행을 위해 승객서비스를 제공하는 사람을 말한다. 과거 객실 승무원은 '플라이트 어텐던트(Flight Attendant)' 또는 '캐빈 어텐던트(Cabin Attendant)'라고 불렸다. 여성 객실 승무원을 초창기 미국에서는 '에어 걸(Air Girl)', 프랑스에서는 '에어 호스테스(Air Hostess)'라 부르다, 선박의 선실 지배인(Steward)에 영향을 받아 자연스럽게 여성은 '스튜어디스(Stewardess)'로, 남성 객실 승무원은 '스튜어드(Steward)'라고 불렸다. 하지만 1980년 미국에서 분 '차별 용어 시정 운동(Political Correctness)'으로 스튜어디스와 스튜어드라는 호칭이 여성차별을 나타낸다는 주장이 일었으며, 이에 '플라이트 어텐던트' 또는 '캐빈 어텐던트'로 바꿔 나가게 되었다. 우리나라에서도 '스튜어디스', '스튜어드'라는 호칭보다는 '객실 승무원'으로 호칭하길 권장하고 있다. 하지만 일상에서는 '스튜어디스', '스튜어드'가 대중적으로 사용되고 있다.

객실 승무원의 기본적인 업무는 위에서 언급한대로 승객의 안전과 서비스다. 기본적인 객실 서비스에서부터 승객이 어려운 일이나 불편한 상황에 처했을 때 도움을 주고 해결하는 등 승객의 편안한 비행을 돕는 것이 바로 객실 승무원의 역할이며 업무인 것이다.

승객의 안전과 관련한 업무는 항공기 운항 전 기내를 정돈하고 목적지, 비행시간, 항로 및 승객 탑승 현황 등 비행에 필요한 사항들을 꼼꼼히 점검하는 것에서부터 시작된다. 객실 내 의료장비와 비상장비 등을 챙기고 체크함으로써 응급상황 등에 발 빠르게 대처하는 것 역시 객실 승무원의 임무다. 특히 승객의 안전 및 비상상황에 대비한 행동요령을 습득하고, 위급상황이 발생할 경우 비상탈출설비를 가동하여 승객이 안전하게 탈출할 수 있도록 도와야 한다. 응급 환자가 발생할 경우 인공호흡, 심폐소생술 등 응급 처치를 행하는 것도 객실 승무원의 중요한 업무며, 의무이다.

이러한 객실 승무원의 안전 업무는 국제민간항공기구(ICAO: International Civil Aviation Organization) 부속서(Annex)와 대한민국 항공법 및 항공보안법을 근거에 의해 행해진다. 항공법에는 항공기에 탑승하고 있는 승객의 안전은 물론 위급하고 곤란한 상황 발생 시 비상착륙을 하게 됨으로써 지상에서 발생할 수 있는 재산 및 인명피해까지 고려해야 한다는 내용이 포함되어 있다.

항공안전법 제62조
(기장의 권한 등)

① 항공기의 운항 안전에 대하여 책임을 지는 사람(이하 "기장"이라 한다)은 그 항공기의 승무원을 지휘·감독한다.

② 기장은 국토교통부령으로 정하는 바에 따라 항공기의 운항에 필요한 준비가 끝난 것을 확인한 후가 아니면 항공기를 출발시켜서는 아니 된다.

③ 기장은 항공기나 여객에 위난(危難)이 발생하였거나 발생할 우려가 있다고 인정될 때에는 항공기에 있는 여객에게 피난방법과 그 밖에 안전에 관하여 필요한 사항을 명할 수 있다.

④ 기장은 운항 중 그 항공기에 위난이 발생하였을 때에는 여객을 구조하고, 지상 또는 수상(水上)에 있는 사람이나 물건에 대한 위난 방지에 필요한 수단을 마련하여야 하며, 여객과 그 밖에 항공기에 있는 사람을 그 항공기에서 나가게 한 후가 아니면 항공기를 떠나서는 아니 된다.

⑤ 기장은 항공기사고, 항공기준사고 또는 항공안전장애가 발생하였을 때에는 국토교통부령으로 정하는 바에 따라 국토교통부장관에게 그 사실을 보고하여야 한다. 다만, 기장이 보고할 수 없는 경우에는 그 항공기의 소유자등이 보고를 하여야 한다.

⑥ 기장은 다른 항공기에서 항공기사고, 항공기준사고 또는 항공안전장애가 발생한 것을 알았을 때에는 국토교통부령으로 정하는 바에 따라 국토교통부장관에게 그 사실을 보고하여야 한다. 다만, 무선설비를 통하여 그 사실을 안 경우에는 그러하지 아니하다.

⑦ 항공종사자 등 이해관계인이 제59조제1항에 따라 보고한 경우에는 제5항 본문 및 제6항 본문은 적용하지 아니한다.

　승객 서비스와 관련한 객실 승무원의 임무는 다음과 같다. 객실 승무원이 제공하는 서비스는 기내 용품 즉, 승객에게 신문, 식사, 면세품 등을 제공하는 물적 서비스와 그 과정에서 이뤄지는 인적 서비스로 구분할 수 있다. 인적 서비스는 객실 승무원의 밝은 미소나 친절한 태도는 기본이며, 불만을 호소하는 승객에게 미소로써 응대하고 편안함을 주는 행위 등도 포함된다.

　객실 승무원에게 빼놓을 수 없는 것 중 하나가 바로 '밝은 미소'와 '친절한 말투'이다. 객실 승무원은 비행 중 기본적인 서비스 제공은 물론 승객의 불편이나 어려움을 해결하여 승객이 목적지까지 안심하고 편안하게 비행할 수 있도록 배려한다. 즉, 객실 승무원은 승객이 탑승에서부터 내릴 때까지 진행되는 모든 서비스 과정에 참여하며 편안하고 안전한 비행이 될 수 있도록 돕는 것이다.

　승객 안전과 서비스 외에도 객실 승무원은 국내외로 여행하는 수많은 외국인과 접하며 민간 외교관 역할을 수행한다. 항공기는 다양한 국적과 여러 계층의 승객이 이용한다. 객실 승무원은 대한민국을 방문하는 이들이 처음 만나는 사람이다. 객실 승무원이 다양한 문화와 상식, 교양 등을 갖추고 다양한 인종과 계층의 사람에게 적합한 서비스를 제공할 때, 그들은 항공 서비스에 만족할 것이고, 각 항공사는 물론 대한민국에 대한 좋은 인상을 가지게 될 것이다. 이것이 객실 승무원을 민간 외교관이라 부르는 이유다.

　한편 객실 승무원에는 여성인 스튜어디스와 남성인 스튜어드가 존재한다. 객실 승무원으로서의 여성과 남성의 역할에는 큰 차이는 없다. 다만 여성 객실 승무원이 섬세함으로 각종 기내 서비스를 주로

담당한다면, 남성 객실 승무원은 기내 보안을 담당한다는 것이
하나의 차이다. 그 이유는 간혹 만취 승객이나 흡연을 하는 승객
등 여성 객실 승무원의 지시를 무시하는 경우 남성 객실 승무원이
보다 쉽게 상황을 정리할 수 있기 때문이다. 즉, 항공기 내
청원경찰과 같은 역할을 하는 것이 바로 남성 객실 승무원이다.
우리나라의 경우 2000년까지 실제 보안요원 명목으로 남성 객실
승무원을 투입시켰으며, 기내 난동이나 테러 우려 상황 등과 같은
특수 상황에서의 남자 객실 승무원의 역할이 커지고 있다.

객실 승무원이 등장하는
드라마 및 영화

1994년 MBC 일요아침
드라마 '짝'이 객실 승무원
을 다룬 대표적인 드라마
다. '짝'은 객실 승무원을
주제로 삼지 않았지만, 배
우 김혜수가 객실 승무원
으로 등장하며 많은 사랑
을 받았다. 이 드라마가 인
기를 끌며 객실 승무원이
란 직업이 대중적으로 많
이 알려졌으며, 여성 객실
승무원에 대한 인지도가
높아졌다. 2012 SBS에
서 방영된 '부탁해요 캡틴'
은 항공사를 배경으로 객
실 승무원과 파일럿을 소
재로 한 드라마다. 열정과
패기로 똘똘 뭉친 부조종
사가 파일럿으로 성장하는
드라마로, 운항 승무원은
물론 객실 승무원 등 항공
기 승무원들의 애환을 다
루고 있다. 2008년 개봉
한 일본 영화 '해피 플라
이트'도 객실 승무원에 대
해 다루고 있다. '해피 플
라이트'는 초보 객실 승
무원의 고군분투기로 객
실 승무원의 비행시 활동
에 대해 자세히 묘사하고
있다.

모든 객실 승무원은 직급에 상관없이 승객의 안전과 편의를 위해 서비스를 제공하지만 정해진 직급과 자격요건에 따라 각자의 업무를 배정받으며 그 역할을 수행하게 된다.

객실 승무원은 승객이 항공기에 탑승할 때부터 내릴 때까지 안전하고 편안함을 느낄 수 있도록 서비스를 제공한다. 객실 승무원의 항공기 탑승 인원은 항공사별로 조금씩 차이를 보이나, 일반적으로 국제선인 경우 16명씩 팀을 이뤄 탑승하게 된다. 여성 객실 승무원이 10~13명, 남성 객실 승무원이 3명이 한 팀을 이루게 되며, 이때 한 팀을 이루는 객실 승무원의 수는 비행 규모와 효율적인 업무수행 및 좌석별 서비스 수준 유지, 비행 안전을 고려해 결정된다. 팀 구성은 각 직책별로 배속되어 탑승하며, 팀의 효율적인 운영과 비행업무 내용을 고려하여 팀의 리더인 사무장(캐빈 매니저)부터 부사무장, 상위 클래스 서비스 훈련 이수자, 방송 상위 등급자 등 자격요건에 맞추어 업무가 고르게 배정된다. 이들은 각 클래스별(First Class, Business Class, Economy Class)로 나눠지며 각 클래스 리더들의 임무 범위가 직책에 따라 명확하게 주어진다. 또한 승격이나 사직, 휴직 등으로 결원이 생기거나 관리상의 이유가 발생할 때에는 팀원이 교체되기도 한다. 객실 승무원 상호 간

및 운항 승무원과의 협조와 원활한 의사소통은 탑승승무원의 팀워크(Teamwork) 형성과 안전한 비행환경 조성을 위해 매우 중요하다. 이는 특히 비상상황 발생 시 매우 중요한 필수요건이다.

한편 객실 승무원의 직급은 대게 사무장, 부사무장, 승무원 등으로 정해져 있다. 또한 세부적으로 상위 클래스 서비스 훈련 이수와 승격 등의 이유로 같은 직급 내에서도 경력의 차이는 난다. 모든 객실 승무원은 직급에 상관없이 승객의 안전과 편의를 위해 서비스를 제공하지만 정해진 직급과 자격요건에 따라 각자의 업무를 배정받으며 그 역할을 수행하게 된다. 그리고 그 역할은 사무장 또는 기장으로부터 배정받게 된다.

항공기 내 지휘 체계는 기장 → 부기장 → 객실 사무장 → 객실 부사무장 → 객실

승무원(직책 우선, 상위 직급 순)의 서열로 이루어진다. 객실 승무원은 비행기가 이륙하기 전, 사무장 및 기장으로부터 인원확인과 업무의 분담, 휴대품 점검 및 비행 시 유의사항, 신규업무에 필요한 지식 등을 브리핑 받으며, 서로 간 의견을 조율한다. 객실 승무원의 직급과 그에 따른 역할은 다음과 같다.

승무원 (Junior/Steward, Stewardess)

　승객이 항공기를 탑승할 때부터 하기할 때까지 마주하게 되는 객실 승무원의 대다수가 지휘 체계의 가장 아래에 위치한 승무원이다. 이들은 비행 중 자신에게 할당된 구역(Zone)에서 기내 서비스 업무를 담당한다. 이때 승무원이 담당하는 구역은 좌석의 등급(Class)에 따라 담당 교육을 이수한 사람을 우선적으로 배치하게 된다. 그리고 각 구역에는 선임자와 하위자를 적절하게 배치하여 비행 중 수행하게 되는 기내 서비스가 원활하게 진행될 수 있도록 하는 한편, 예상치 못한 상황이나 승객의 불만 및 요구에 적절하게 대응할 수 있도록 하고 있다. 기내방송 업무를 부여 받은 승무원은 기내서비스 외에도 추가적으로 기내 방송 업무를 실시한다.

　현지 승무원(Overseas Cabin Crew)의 경우 일반 객실 승무원과 동일하게 업무 배정에 따라 할당된 기내 서비스 업무를 기본적으로 수행하는 한편, 해당 언어권 승객과의 의사소통을 전담한다. 특히 비행 중 실시되는 기내방송을 자국어 또는 해당 현지어로 실시하여 승객의 편의를 돕는다.

객실 승무원 탑승 인원

객실 승무원 탑승 기준은 승객의 수를 고려해 결정되며, 이는 국제항공운송협회(IATA)에서 규정한 기준을 따르고 있다.

구분	국제선	국내선
B747-400(PAX)	18명	13명
B747-400(COMBI)	14명	11명
B777-200	13명	10명
B767-300	9명	6명
A321	7명	4명
B737-400	6명	6명

© Douglas Paul Perkins

부사무장 (ASSISTANT PURSER)

  승무원과 부사무장의 임무 차이 중 가장 큰 것은 사무장의
업무를 보좌하고 사무장의 부재 시 그의 임무를 대행한다는
것이다. 부사무장은 객실 승무원을 관리하고 통제하는
실무자로서 사무장과 승무원 사이의 다리 역할도 수행한다. 특히
실질적인 업무와 관련해 이코노미석(Economy Class)의 서비스를
담당하여 진행하는 것은 물론 객실 브리핑 준비 및 입출항 절차
점검, 객실 승무원의 비행 준비 상태를 확인한다. 부사무장은
기내 용품 관리 업무도 담당한다. 기내에서 제공되는 용품의 탑재
여부를 확인하고, 기내 면세품의 판매 업무를 지원 및 진행하며
완료 후 상태를 체크하는 것이다. 또한 기내 승객 서비스 절차를
진행 및 보고하고, 입국서류 작성 지원 등 일반 객실 승무원의
업무 역시 함께 수행한다. 비행이 종료된 후에는 기내 서비스
용품의 사용 여부와 기내 유실물 및 분실물을 확인하여 보고한다.
특히 부사무장은 수습 승무원에 대한 현장 실습 및 훈련, 교육을
지도하고 평가하며 이들의 현장 업무 실력 향상을 돕는다.

사무장 (PURSER)

　사무장은 객실 승무원과 승객 서비스에 관한 모든 제반 상황을 총괄한다. 사무장은 객실 승무원을 지휘 감독하고 지도하며, 이들의 객실 업무를 할당하여 관리하는 것은 물론 평가한다. 또한 객실 브리핑을 주관하며 비행 전 기내 설비 및 장비의 기능을 점검하는 것 역시 사무장의 임무 중 하나이다. 또한 비행 준비에서부터 비행 종료시점까지 운항 승무원과의 커뮤니케이션을 담당하며, 비행 중 진행되는 기내 서비스를 관리 감독한다. 사무장은 비행 중 탑승환영인사(Welcome) 및 감사인사(Farewell) 등 기내방송을 진행하며, VIP, CIP 및 특별 승객 등에 대한 업무를 처리한다.

　특히 비행 중 이상 현상이나 긴급 상황이 발생할 경우 이를 점검하고 해결하는 것 역시 사무장의 역할이며, 이를 기장에게 보고하고 안전한 비행이 될 수 있도록 책임을 진다. 비행 종료 후에는 비행 중 발생한 비정상적인 상황에 대해 회사에 보고해야 한다.

　사무장은 해외 체류 시 승무원을 관리하고 해외 지점과의 업무를 연계하는 업무도 담당하다. 해외 지점 및 공항과의 원활한 업무 연계를 위해 입출항 및 비행 관련 내용을 주고받고 협조를 구하는 것이다. 특히 해외 체류 시에도 승무원의 휴식 및 외출 등을 관리함으로써 다음 비행 업무에 차질이 없도록 하고 있다. 즉, 사무장은 기내에서 이뤄지는 모든 서비스는 물론 승무원의 관리 및 원활한 비행을 위한 기내 밖 업무까지 총괄하고 있는 것이다.

　한편, 사무장은 편성된 승무원 중 근무경력, 직급, 자격, 교육훈련 이수 여부 등을 고려해 임명되며, 진급 체계에 따라 선임 사무장(SENIOR PURSER), 수석 사무장(CHIEF PURSER)으로 올라간다.

제주항공의 한글날기념 순우리말 인사말

〈WELCOME 인사 문안〉

"손님 여러분, 안녕하십니까? 즐겁게 모시는 제
주항공과 함께해 주셔서 고맙습니다. 그리고 오
늘 저희 날틀에 올라 타주신 여러분을 기쁘게 맞
이합니다. 이 날틀은 _____ 까지 가는 제주항
공 _____ 편입니다. _____ 까지 나는 시간은 뜬
뒤 _____ 분으로 어림하고 있으며, 날틀꼭두는
_____입니다. 내리실 때까지 뒷간을 비롯한 날틀
안에서는 항공보안 및 안전에 관한 법률에 따라
담배를 피우실 수 없습니다. 손 전화기는 날틀의
나래 짓에 해코지할 수 있으므로 날틀 안에서는
꼭 꺼 주시기 바랍니다. 늘 산뜻한 하늘 길 나들
이 문화를 이끌어가는 제주항공과 함께 즐거운
한 때 누리시기 바랍니다. 고맙습니다."

〈FAREWELL 인사 문안〉

"손님 여러분, _____에 오신 것을 기꺼이 반갑게
맞이합니다. 안전을 위해 날틀이 뚝 멈춘 뒤 앉은
자리 띠 가리킴 불이 꺼질 때까지 자리에 앉아 잠
깐 기다려 주시기 바랍니다. 시렁을 여실 때에는
물건이 떨어지지 않도록 마음을 써 주시고, 내리
실 때는 가져 오신 것을 두고 내리시지 않도록 자
리 둘레를 다시 한 번 둘러봐 주시기 바랍니다.
오늘 제주항공에 올라 타주신 손님 여러분께 참
말로 고맙단 말씀 올립니다. 제주항공은 제주-
서울을 잇는 하늘 길로 여러분께 첫 선을 보인데
이어, 제주-부산, 제주-청주를 잇는 하늘 길도
함께 누비며 다니고 있습니다. 속이 꽉 찬 알짜배
기 손님모시기를 가꿔가는 저희 제주항공과 함
께 새뜻하고 신나는 나들이 되시기 바랍니다. 고
맙습니다. 편히 가십시오."

객실 서비스는 승객이 제공받는 서비스로 볼 수도 있지만, 다른 한 편으로는 승객과 서비스를 제공하는 객실 승무원의 대면 시간이라고 할 수도 있다.

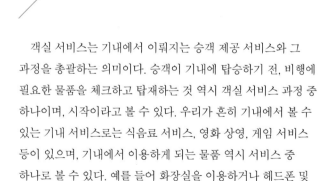

객실 서비스는 기내에서 이뤄지는 승객 제공 서비스와 그 과정을 총괄하는 의미이다. 승객이 기내에 탑승하기 전, 비행에 필요한 물품을 체크하고 탑재하는 것 역시 객실 서비스 과정 중 하나이며, 시작이라고 볼 수 있다. 우리가 흔히 기내에서 볼 수 있는 기내 서비스로는 식음료 서비스, 영화 상영, 게임 서비스 등이 있으며, 기내에서 이용하게 되는 물품 역시 서비스 중 하나로 볼 수 있다. 예를 들어 화장실을 이용하거나 헤드폰 및 담요 제공 등이 바로 그것이다.

이런 점에서 볼 때 객실 서비스는 승객이 제공받는 서비스로 볼 수도 있지만, 다른 한 편으로는 승객과 서비스를 제공하는 객실 승무원의 대면 시간이라고 할 수도 있다. 객실 승무원의 기내

서비스를 위한 업무는 승객의 항공기 탑승 이전에서부터 착륙
이후까지 계속되지만, 이 모든 것은 비행 중 승객에게
직간접적으로 제공되는 서비스를 위한 준비 과정이며, 우리는
비행 중 객실 승무원을 통해 서비스를 제공받기 때문이다.

　　항공기를 이용하는 승객은 다양한 인종으로 구성되어 있으며,
이들은 다양한 성향과 스타일을 가지고 있다. 따라서 비행 중
요구하는 사항과 서비스 역시 다를 수 있다. 따라서 객실
승무원은 객실 서비스를 제공함에 있어 일관성을 가지는 한편,
승객의 요구와 상황의 변화에 따라 때에 맞는 서비스를 제공해야
할 의무를 지닌다. 이를 위해 각 항공사는 객실 승무원을
대상으로 서비스 교육을 주기적으로 실시하는 가하면, 기내방송
교육과 국내선, 국제선 및 상위클래스 교육 등 특성화 교육을
통해 기내서비스의 전문성을 키우기 위해 노력하고 있다. 또한
안전한 비행 환경을 위해 최신의 실무 훈련시설과 환경 속에서
정기 및 수시 훈련을 실시하며, 안전교육 및 훈련을 주기적으로
진행하고 있다. 안전교육 및 훈련은 수습사원 외에도 기존
승무원에 대해서도 필수적으로 진행하며, 일정한 기준에

부합해야 비행 업무를 수행할 수 있다. 또한 다양한 인종의
승객과의 원활한 의사소통과 편안한 비행을 위해 각
항공사에서는 내부적으로 어학능력시험을 실시하기도 한다. 특히
기내 서비스를 제공할 때 단정하고 깔끔한 모습으로 승객을
맞이하고 응대해야 함으로 항공사는 비행 전 용모와 복장 상태를
점검하는 것으로 승객 서비스의 질을 높이고 있다. 수준 높은
기내 서비스와 이를 제공하는 객실 승무원의 자세 등에 의해
항공사의 이미지가 결정되기 때문이다. 이번 장에서는 항공기
내에서 객실 승무원과 승객이 직접 대면하며 이뤄지는 객실
서비스에 대해 알아보도록 하자.

기내식 서비스

기내식은 1919년 8월 런던~파리 구간의
정기 항공노선에서 시작했다. 당시 항공사
에서는 비행 중 승객 서비스 차원에서
샌드위치나 과일, 초콜릿 등을 종이 상자에
담아 간식으로 제공했다. 이후 항공기의 발달과
항공관광산업의 성장으로 항공기를 이용하는
사람이 늘어나고, 비행시간이 점점 길어지며
지금과 같은 기내식 서비스가 정착되었다.

기내식의 내용은 항공사별로 차이가 있지만
그 틀은 거의 유사하다. 비행시간이 2시간
내외인 국내선에서는 기내식을 제공하지

않으며, 음료 서비스만 제공된다. 기내식
서비스가 진행되는 국제선에서는 기본적으로
제공되는 일반식 메뉴 외에도 건강이나 종교,
연령 등의 이유로 일반식사가 어려운 승객을
위한 특별식 메뉴도 준비된다.

기내식은 좌석 클래스에 따라 그 내용도
달라진다. 대다수의 항공사는 First Class
(일등석)에 풀코스(Full-Course)의 메뉴를
제공하며, Business Class(이등석)에서는
세미코스(Semi-Course)의 메뉴를, Economy
Class(일반석)에서는 미리 준비한 음식을

쟁반(Pre-Set Tray)에 담아 제공한다. 또한 상위 클래스는 전 노선에서 메뉴 북(Menu-Book)을 제공하며, 메뉴 북은 기본적으로 한국어와 영어로 표시되어 있다. 노선에 따라 제3외국어인 중국어나 일어, 불어, 이태리어가 추가로 표기된다.

기내식이 제공되는 횟수는 비행거리에 따라 달라진다. 장거리 비행에 포함되는 12시간 이상에는 가벼운 식사(Refreshment)를 포함한 총 3번의 기내식이 제공되며, 7시간 이상일 경우 총 2회 제공된다. 비행시간이 3~7시간

소요되는 중거리 비행일 때는 1회 제공되며, 3시간 이하의 단거리에서는 간단한 스낵류나 조리하지 않아도 되는 샌드위치 정도의 음식이 1회 제공된다.

기내식은 소화가 잘 되고 흡수되기 쉬운 저칼로리 음식으로 구성된다. 또 좁은 공간에서 서비스가 가능하도록 하기 위해 맞춤형 식기류나 운반기구를 제작해 사용하고 있다. 지상의 일반 음식점과는 달리 기내식은 항공기 운항 계획에 맞추어 지상에서 미리 조리한다. 이후 객실 승무원들은 음식을 정해진 그릇에

담아 항공기 출발시간에 맞추어 기내에 실은 후
승객에게 서비스되기 전, 기내 주방(Galley)에서
재조리하는 게 원칙이다. 기내식은 제공되는
시간에 따라 조식, 조중식(Brunch), 중식, 석식,
경식(Supper) 등으로 나뉜다.

기내식은 기본적으로 서양식을 기본으로
하고 있으며, 일본식, 중국식 등을 가미한
다양한 요리들로 제공된다. 대표적인
한식으로는 비빔밥이 있다. 한편 특수한 경우
인종 또는 종교적 이유로 인해 특별식을
요구하는 승객에게는 미리 주문을 받아 별도의
음식을 제공하기도 한다. 돼지고기를 먹지 않는
이슬람 사람들을 위한 이슬람 식단,
채식주의자를 위한 채식 식단, 심장병, 고혈압
환자를 위한 저염식 식단, 유당 소화에 장애가
있는 승객을 위한 유당제한식, 어린이에게
제공되는 아동식 등이 그 예다. 이 외에도

오로지 과일로만 구성되어 있는 과일식이나
생일이나 허니문 등의 특별한 기념일을 위한
기념일 케이크도 제공된다. 객실 승무원은
일반식에 앞서 특별식을 제공하는 것을
원칙으로 하고 있다.

객실 승무원은 기내식 서비스에 앞서 당일
제공되는 메뉴의 내용을 숙지하고, 이를
승객에게 설명 및 소개해야 한다. 또한 승객의
기호와 취향에 맞는 메뉴를 적극 권유하는 것
역시 객실 승무원의 임무다. 주문을 받을
때에는 메모지나 오더 차트(Order Chart)에 항상
메모해야 하며 주문을 받은 후 다시 한 번
확인해야 한다. 또한 준비 시간이 오래 걸리는
메뉴의 경우 이를 승객에게 알려야 하며,
소요시간을 공지해야 한다.

객실 승무원은 기내식을 제공하기 전, 음식을
카트에 담기 직전에 메인 요리만 오븐에

DOOR KNOB MUST BE IN "LOCK"
POSITION DURING TAXI, TAKE-OFF,
TURBULENCE, OPERATION AND LANDING
LOCK
SAFE
OPEN

데우며, 이때 음식이 아래부터 위까지 동일하게 뜨겁게 데워야
한다. 기내식 서비스에 이용되는 카트에는 기내식 쟁반 42개가
담기며, 객실 승무원은 2명씩 조를 이뤄 기내식 서비스를
수행하게 된다.

　한편 기내식을 제공할 때 객실 승무원이 지켜야할 원칙도 있다.
객실 승무원은 기내식을 제공할 때 쟁반이나 접시를 승객의 머리
위로 지나가게 해서는 안 되며, 통로에서부터 안쪽에 있는
승객에게 먼저 음식을 서비스해야 한다. 또한 항공사 로고가
새겨진 그릇에 대해서는 로고가 승객의 정면에 오도록 놓아야
하며, 승객이 서비스 물품을 떨어뜨렸을 때는 먼저 동일한 새
서비스 아이템을 제공하고, 떨어진 물품은 타월이나 냅킨을
사용하여 집어 올려 치운다. 기내식을 마친 그릇을 회수할 때는
처음 음식을 제공했던 순서와 반대로, 통로 쪽부터 시작하며,
식사가 일찍 끝난 승객에게는 의향을 물어 먼저 회수하기도 한다.
하지만 노약자와 여성을 우선시하는 등 상황에 맞게 회수 순서가
변하기도 한다. 또한 그릇 회수 시 쟁반은 한 번에 한 개씩
회수하며 포개어 회수하지 않는다.
　항공사는 기내식을 통해 각 항공사별 차별화된 특성을
보이기도 하며, 노선별로 다양한 메뉴를 선보이고 있기도 하다.
기내식은 그저 한 끼의 식사가 아니라 각 항공사의 마케팅의
일환이며, 승객들은 기내식을 통해 또 다른 즐거움을 느끼기
때문이다. 이에 국내외 항공사들은 저마다의 전통과 문화의
특색을 살린 음식을 기내식과 접목하여 서비스하고 있다. 또한
항공사마다 각 고유의 이미지를 살려 별도의 전용 기물을 디자인,
제작하여 사용하고 있기도 하다.
　최근에는 국내 취항하는 외국 항공사들은 한국인 승객의
점유율이 높아짐에 따라 고추장이나 김치를 제공하기도 하며,

아시아나항공 비즈니스석 기내식

© 아시아나항공

아시아나항공 비즈니스석 기내식 영양쌈밥

© 아시아나항공

불고기나 갈비와 같은 한국 스타일의 기내식을 제공하고 있다. 원하는 승객에게는 라면도 제공된다. 카타르 항공사는 기내식에서 꼬마김치와 튜브고추장을 제공하고, 네덜란드 항공 KLM은 한식을, 영국항공 BA는 비빔밥과 갈비찜을 기내식으로 제공하며, 김치와 한국 군만두, 후식으로는 매실차를 제공한다. 간식으로 컵라면이 준비돼 있기도 하다. 이에 국내 항공사 역시 서양식을 기본으로 하던 예전과 달리, 다양하고 특별한 메뉴를 선보이고 있다. 내한항공은 비빔밥과 갈비찜, 불고기

덮밥을 선보이며 호평을 받았다. 대한항공은 기내식으로 비빔밥을 최초로 개발해 1998년 IFCA(International Flight Catering Association)로부터 업계 최고 권위의 '머큐리상'을 수상한 바 있다. 대한항공은 비빔밥 이후에도 비빔국수, 녹차죽, 가정식 백반, 곤드레밥, 동치미국수 등 약20여 가지 이상의 한식 기내식을 제공하고 있다. 아시아나항공은 2002년부터 조선왕조 궁중음식 기능보유자인 한복려 원장의 '궁중음식 연구원'과 제휴해 영양 쌈밥 등

차별화된 한식 서비스를 제공하고 있으며, 일등석 장거리 노선에 김치찌개를, 비즈니스와 일반석 승객에게도 김치묵밥, 열무김치국수 등을 제공하고 있다. 또한 전통주인 막걸리도 서비스하고 있다.

기내 한식 메뉴

보통 기내에서 제공되는 한식의 경우, 우리 전통의 음식을 세계인에게 제공한다는 취지에서 정통 한정식의 풍미를 그대로 담고 있으면서도 강한 향이나 매운맛보다는 외국인이 먹기에 부담스럽지 않은 음식 위주로 구성되어 있다. 궁중정찬서비스, 불고기, 닭불고기, 갈비찜, 삼계탕, 미역국, 비빔밥, 가정식 백반, 잡채밥, 호두죽, 된장·매실 드레싱을 곁들인 샐러드, 연어만두, 쇠고기죽, 국수, 찹쌀떡, 영양쌈밥 등이 기내식으로 제공된다.

아시아나항공 팔도진미 반상 기내식

ⓒ아시아나항공

음료 서비스

　음료서비스는 기내식 서비스와 달리 국내선과 국제선
모두에서 제공된다. 비행 중 음료는 항공기의 비행시간 및 승객
수 등을 고려해 서비스된다. 객실 승무원은 커피와 각종 주스,
생수 등을 준비하여 트레이와 카트를 이용해 담당 구역별로
서비스하게 되는데, 커피는 커피메이커에 담고 온도와 농도를
적당하게 맞춰 준비한다. 또한 주스 등 차가운 음료는 시원한
상태로 서비스될 수 있도록 차가운 상태를 유지해야 한다. 뜨거운
음식은 뜨겁게, 차가운 음식은 차갑게 서비스하는 것이 기내
서비스의 원칙이기 때문이다.

　객실 승무원은 음료가 서비스되기 직전에 항공사 매뉴얼에
따라 카트 위에 음료를 담고, 서비스가 시작되면 승객의 기호와
취향에 맞는 음료를 물어본 뒤 해당 음료를 서비스한다. 커피를
주문받았을 때는 설탕, 크림의 사용 여부를 확인한 후 제공하는
것이 원칙이나, 최근에는 설탕과 크림을 커피와 함께
서비스하기도 한다. 티백(Tea Bag)으로 된 차를 제공할 때는
티백을 담을 수 있는 용기를 함께 제공해야 한다. 또한 음료를
서비스할 때는 냅킨을 깔고 그 위에 해당 음료를 올려야 하며,

서비스 순서는 기내식과 같이 안쪽부터 제공하는 것이 원칙이다. 하지만 여성 승객이나, 어린이, 노인 등이 있을 때에는 주문을 먼저 받고 음료 서비스를 제공한다.

한편, 음료 서비스 시 승객이 잠을 자고 있을 경우에는 승객을 깨우는 것이 아니라 기상 후 음료 서비스가 가능하다는 내용의 메모를 앞좌석에 붙여 놓아야 한다. 또한 객실 승무원은 서비스된 컵을 회수할 때에는 승객에게 반드시 회수 중임을 밝혀야 하며, 서비스된 컵을 철저히 회수함으로써 객실 청결을 유지해야 한다.

기내 식음료 서비스 원칙

객실 승무원은 기내 식음료 서비스를 진행 할 때, 모든 식음료는 카트를 이용하여 서비스해야 하며, 승객에게 직접 제공할 때에도 일정한 원칙에 따라 행해야 한다. 왼쪽에 있는 승객에게는 왼손으로, 오른쪽에 있는 승객에게는 오른손으로 하는 것이 기본이다. 하지만 이는 상황에 따라 조금씩 달라질 수 있다. 또한 식음료를 서비스할 때에는 무엇보다 청결에 유의해야 한다. 기내 식음료 서비스가 시작되기 전에 가장 먼저 손을 씻어야 하며, 음식의 향에 방해가 되는 향수나 화장품의 사용을 자제해야 한다. 또한 음식을 직접 만지게 될 경우에는 일회용 비닐장갑을 착용해야 하며, 머리를 만지는 등 청결을 헤치는 행위를 해서는 안 된다.

Special Pax Care 서비스

기내 서비스는 기본적으로 모든 승객에게 동일한 서비스를 제공하는 것을 기본으로 하고 있다. 이는 항공기를 이용하는 모든 승객에게 형평성 있는 서비스를 제공하기 위함이다. 하지만 어떠한 상황에서도 예외는 있는 법이다. 특히나 사람이 이용하는 항공기에서는 더더욱 예외의 상황이 존재한다. 이에 객실 승무원은 기내 서비스 제공시 특별한 서비스를 필요로 하는 승객에 대해 보다 먼저 세심한 서비스를 제공하게 되어 있으며, 이는 특별한 서비스가 필요한 승객과 다른 승객의 모두의 편의를 위해 행해지게 된다. 하지만 이 경우에도 정해진 원칙과 절차에 따라 서비스를 제공해야 한다.

Special Pax에는 유아 동반 승객, 노약자, 보호자 없이 탑승하는 어린이 손님(UM: Unaccompanied Minor) 등 객실 승무원의 도움이 좀 더 필요한 승객들이 포함된다. 객실 승무원은 유아 동반 승객의 경우 유모차나 짐 옮기는 것을 도와주거나, 항공사에 따라 탑재된 물품을 서비스하기도 한다. 예를 들어 아기 요람(Baby Bassinet)을 제공한다거나, 기저귀 등을 담을 수 있는 비닐 팩을 따로 서비스하기도 한다.

노인 승객의 경우 객실 승무원은 승객의 짐을 좌석까지 직접 가져다주며, 특별히 건강상에 문제가 없도록 기내 온도나 습도 등을 체크하고, 담요 등을 제공한다. 또한 노인 승객의 경우 입국서류 작성에 어려움을 겪을 수 있으므로 담당 객실 승무원이 작성여부를 확인하여 도와드린다.

최근에는 보호자 없이 항공기를 이용하는 어린이가 증가함에 따라 각 항공사들은 이들에 대한 특별한 서비스를 제공하고 있기도 하다. 기본적으로 각 항공사는 보호자 없이 항공기에 탑승하는 만5세에서 12세 어린이 승객에 대해 객실 승무원이 먼저 탑승시키는 것은 물론 짐이나 입국서류 등을 챙겨 하기 후 공항 서비스팀 지원에게 인계한다. 담당 객실 승무원은 보호자 없이 항공기를 이용하는 어린이 승객의 부모님께 편지를 작성하여 기내에서의 상황 등을 전달한다.

기내용품 서비스

 기내용품이란 기내 설비 및 장비를 제외하고 기내에 탑재되는 모든 물품을 말한다. 기내용품은 서비스 물품과 서비스 기물로 구분할 수 있다. 서비스 물품은 일차적으로 승객에게 제공되며 그 자체가 서비스의 주가 되는 물품이다. 구체적으로 살펴보면, 기내식음료, 소모품, 독서물, 트럼프 카드, 로션, 와인, 칫솔세트, 안대, 귀마개, 슬리퍼, 담요, 볼펜, 어린이 스티커 등 이렇듯 기내에서는 승객을 위해 다양한 기내 용품을 제공한다. 하지만 기내에서 제공되는 담요는 비행기 밖으로 가져가서는 안 된다.

 과거 기내에서 제공되는 용품은 비행 중 필요한 기본적인 것에 한정돼 있었다면, 최근에는 승객의 욕구를 충족시키기 위해 보다 다양해졌다. 이에 저가항공에서는 각종 기내 제품을 유상으로 판매하고 있기도 하다.

 제주항공은 국적항공사 최초로 파우치 형태의 소주를 판매하고 있으며, 이스타항공은 담배를 기내에서 판매하기도 한다. 티웨이항공에서는 캔 막걸리를, 진에어에서는 게임기인 플레이스테이션 비타(PS VITA)를 즐길 수 있다. 에어부산은 국적 항공사 최초로 강아지 한복, 고양이 장난감 같은 반려동물 용품을 판매하고 있다.

 한편 기내에서는 우수한 품질의 다양한 상품을 면세 가격으로 판매하고 있다. 화장품, 향수, 주류, 패션용품, 진주, 전자제품, 건강보조식품, 초콜릿, 시계, 필기구, 기타 선물류 등 그 종류도 다양하다.

항공기가 이륙
후 순항 고도에
진입하게 되면 객실
승무원은 다양한
기내 서비스 업무를
승객에게 실시하게
된다. 서비스 내용
및 절차, 방법은
항공사나 노선,
기종별로 조금씩
차이가 있지만,

기본적으로 객실 승무원은 기내 방송 및 영상 서비스 제공 등의 업무를 수행한다. 객실 승무원은 비행 중 승객의 편안한 휴식과 쾌적한 기내환경을 유지하기 위해 정기적으로 객실을 순회하며, 승객의 요구에 응대한다.

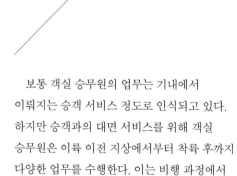

보통 객실 승무원의 업무는 기내에서 이뤄지는 승객 서비스 정도로 인식되고 있다. 하지만 승객과의 대면 서비스를 위해 객실 승무원은 이륙 이전 지상에서부터 착륙 후까지 다양한 업무를 수행한다. 이는 비행 과정에서 제공되는 서비스는 물론 발생하게 되는 항공기 안전문제에 정확하고 신속하게 대응하기 위함이다.

객실 승무원의 업무는 일정한 원칙과 절차에 의해 행해진다. 그리고 각 과정별로 행해져야 하는 업무가 정해져 있으며, 객실 승무원은 그 업무를 철저하고 정확하게 수행해야 할 의무를 지니고 있다. 하늘 위를 나는 객실 승무원은 구체적으로 어떤 일을 하는지, 그 절차와 내용을 살펴보자.

비행 준비

객실 승무원은 항공기 이륙 전 그날의 비행을 준비하는 것으로
업무를 시작한다. 자신의 용모와 복장을 점검하고, 비행 일정을
확인하며, 승객이 이용할 기내 정리정돈 및 업무 할당까지.
원활한 기내 서비스를 위한 준비단계가 바로 이륙 전에 행해진다.
모든 객실 승무원은 비행 전 2시간 30분 전에 사무장의 주관 하에
이뤄지는 객실 브리핑 및 합동 브리핑에 참석해야 하며,
브리핑에서는 업무 담당구역 분담과 용모 및 휴대품 점검,
유의사항, 승객에 대한 정보 등의 지시사항을 전달하고, 기장의
주관 하에 비행과 관련된 목적지 및 비행시간, 항로 및 기상조건
등 각종 정보에 대한 내용을 주고받는다.

- 메이크업 상태, 옷이나 앞치마 청결 상태, 손톱이나 헤어 등
  자신의 용모와 복장을 체크한다.
- 사무장을 중심으로 브리핑을 진행한다. 이때 그날 비행에서
  맡게 될 포지션을 각자 할당받고, 목적지에 대한 정보, 서비스
  절차, 특별한 케어를 필요로 하는 승객에 대한 안내 등 비행에
  대한 상세한 정보를 공유한다.
- 기상상태와 비행시간, 비행 시 주의사항, 화물 탑재량 등
  비행운항 전반에 걸친 내용을 브리핑 받으며, 안전에 대한
  동영상을 시청한다.

승객 탑승 순서

Stretcher 승객 → UM
승객 → 노약자, 유아동반
승객 → VIP, CIP → First
Class 승객 → Business
Class 승객 → Economy
Class 승객

Stretcher 승객 : 건강상
의 이유로 이착륙시 앉아
있을 수 없어 들것에 누워
있는 승객.

UM 승객 : Unaccom-
pained Minor의 약자
로, 성인 승객의 동반 없이
여행을 하는 만5세 이상
만12세 미만의 소아 승객.

승객 탑승 전

비행을 위한 사전 준비가 끝난 객실 승무원은 항공기 내에서 본격적으로 승객 맞을 준비를 한다. 객실 승무원은 기내 시설의 이상 유무를 확인하고, 기내의 청결상태 등 객실 서비스에 관한 제반사항을 확인하여 이상이 없도록 준비함으로써 기내 안전과 보안을 체크한다. 또한 객실 승무원은 기내 서비스 시 필요한 각종 소모품을 탑재하고, 각자 배정받은 담당구역에서 비행 전 비상 및 보안 장비를 점검한 뒤 그 결과를 객실 사무장 또는 캐빈 매니저에게 보고한다.

- 기내의 비상상태를 위한 구급상자와 화재진압 장비, 승무원 좌석벨트 및 승객용 좌석 벨트 등의 안전장비 및 보안장비를 점검하며, 비상탈출 및 착수 장비를 확인한다.
- 각자 배정받은 담당구역 즉, First Class, Business Class, Economy Class로 나뉜 객실 승무원은 각 구역에 대한 안전과 보안을 체크한다.
- 쾌적한 환경을 위해 기내 청소 작업 상태를 확인하며, 화장실에 필요한 물품을 배치하고

이상이 있는 곳은 없는지 점검한다.
- 비행 중 사용할 각종 소모품과 헤드폰, 담요, 화장실 용품 등 승객에게 제공될 서비스 용품을 인수하고, 기내에서 판매되는 면세 물품을 인수하여 탑재하여 제 위치에 정리한다.
- 신문은 승객이 탑승하는 비행기 문 앞에, 잡지는 잡지 칸에 배치한다.
- 기내식 소개가 담긴 메뉴 북(Menu-Book)과 헤드폰, 베이비 키트, 어린이 승객을 위한 기념품은 제공하기 쉬운 위치에 재배치 및 보관한다.
- 갤리(Galley) 업무, 즉 비행기의 주방 업무를 맡은 객실 승무원은 기내식과 각종 음료 등을 제자리에 배치하고 정리한다.
- 각 좌석마다 오디오 비디오 시스템이 올바르게 작동하는지 스크린 상태를 확인하고, 다시 한 번 좌석 밑, 머리 위 선반 등을 살피며 청결과 보안 상태를 점검한다.

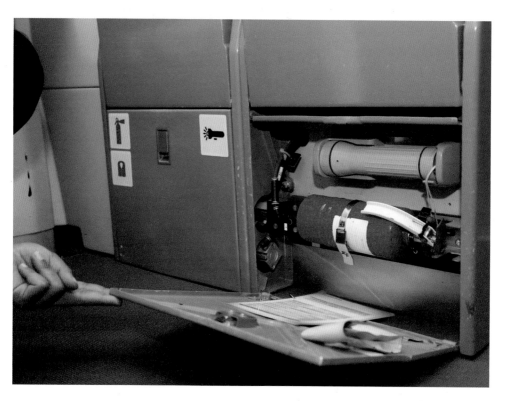

승객 탑승 및 비행 전

대부분의 항공사는 항공기 출발시간을 기준으로 30~40분 전에 승객 탑승을 시작한다. 객실 승무원은 승객이 항공기에 탑승하기 시작하면 담당 구역에서 자리 안내와 수하물 운반 등을 돕는다. 또한 항공기가 활주로로 이동하는 동안 안전벨트 및 구명조끼, 산소마스크, 비상탈출구의 사용법 등에 대해 안내하며 직접 시험을 보인다. 승객의 좌석벨트 확인, 기내 이동물질의 고정 등 이륙을 위한 최종 확인 작업이 끝나면 지정된 승무원 좌석에 착석하여 충격방지를 위해 좌석벨트를 착용한다. 객실 사무장은 전 객실의 이륙준비를 최종 점검하고, 이륙 안내방송을 실시한 후 기장에게 이륙준비완료를 보고한다.

- 전 객실 승무원은 각자 지정된 탑승 위치에서 승객을 맞이하며, 좌석 안내 및 승객의 수하물 운반 및 정리를 돕는다.
- 휠체어 승객, 보호자 미동반 유아, 노약자 승객을 지상직원으로부터 인계받아 탑승을 돕고 좌석으로 안내한다.
- 이륙 전 객실 조명을 외부 밝기에 맞도록

적절하게 조절하여, 눈의 피로를 방지하고
편안한 기내 환경을 만든다.
- 안전벨트 착용방법, 구명조끼의 위치 및
  착용법, 산소마스크 사용법, 비상 탈출구의
  위치 및 탈출 요령 등을 안내하는 것은 물론
  객실 승무원이 직접 손동작과 도구를 이용해
  시범을 보인다.
- 기내 사용 금지 전자기기 등을 안내한다.
- 승객들이 안전벨트를 착용했는지 확인하며,
  위험방지를 위해 객실 물품과 카트 및 객실
  내 용품을 원위치에 잠금 및 고정시킨다.

- 객실 승무원은 지정된 승무원 좌석에
  착석하여 좌석벨트를 착용하고, '30초
  리뷰(30 Seconds Review)'를 행한다.
- 객실 사무장은 전 객실의 이륙준비를 최종
  점검한다.

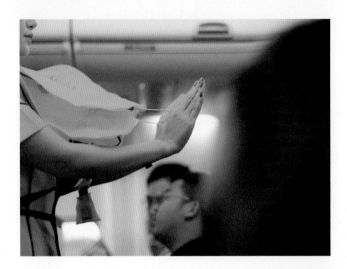

객실 승무원의 30초 리뷰란?

항공기 사고의 80%가 이륙 3분간, 착륙 8분간
에 발생하는데 이를 '마의 11분'이라고 부르기도
한다. 이 시간대에는 기장은 물론 비행에 참여한
모든 운항 및 객실 승무원이 긴장하는 순간이다.
이에 객실 승무원은 이착륙 준비를 위해 승무원
좌석에 착석해 있는 동안 이륙과 착륙 직전 각각
30초씩 '침묵의 30'초라 불리는 '30초 리뷰'를
행하며, 발생 가능한 비상사태를 가상하고 비상
사태 발생시 승무원이 취해야 할 행동요령을 재
점검한다. 또한 이착륙시 발생할 수 있는 위험상
황을 방지하기 위해 항공기가 완전히 이착륙하기
전까지는 전자제품의 사용을 금지하고 있으며,
공황 활주로에 완전히 멈출 때까지 승객은 절대
일어나서는 안 된다.

비행 중

　항공기가 이륙 후 순항 고도에 진입하게 되면
객실 승무원은 다양한 기내 서비스 업무를
승객에게 실시하게 된다. 서비스 내용 및
절차는 항공사나 노선, 기종별로 조금씩 차이가
있지만, 기본적으로 객실 승무원은 기내 방송
및 영상 서비스 제공 등의 업무를 수행한다.
특히 국제선의 장거리 비행의 경우 두 차례의
식음료 서비스와 영화 상영, 기내 면세품 판매
등이 이뤄지기도 한다. 객실 승무원은 비행 중
승객의 편안한 휴식과 쾌적한 기내환경을
유지하기 위해 정기적으로 객실을 순회하며,
승객의 요구에 응대한다.

- 객실 승무원은 스카프 대신 에이프런을 입고
  식음료서비스를 준비한다.
- 메뉴 북과 헤드폰 및 타월 서비스를
  수행한다.
- 승무원 2명이 팀을 이뤄 음료 서비스를
  제공하며, 각종 주스, 탄산음료, 알코올과
  간단한 주전부리를 제공한다.
- 기내식은 특별기내식을 미리 신청한
  승객에게 먼저 제공한 뒤, 일반 기내식
  서비스를 제공한다. 중거리 비행일 경우
  1번의 기내식이, 장거리의 경우 2번
  서비스된다.
- 기내 방송, 기내 면세품 판매, 기내 영화 상영
  서비스 제공, 간식 제공, 입국신고서 배포
  등의 업무가 진행된다.

착륙준비

착륙 시에는 이륙할 때와 동일하게 승객의 좌석벨트를
확인하고, 이동 물질을 고정시킨다. 항공기의 착륙 시점은 가장
사고의 위험이 높은 위험단계이다. 따라서 착륙을 준비하는
단계에서는 안전한 착륙을 위한 객실 승무원의 안전 점검이 매우
중요하다. 이에 착륙사인이 떨어지면 객실 승무원은 승객과
승무원의 안전을 위한 체크를 하고, Wake-up 방송과 도착 알림
안내 방송을 한다. 또한 이륙할 때와 같이 지정된 좌석에 참석해
좌석벨트를 착용한 후, '30초 리뷰'를 실시한다.

- Wake-up 방송 및 조명을 점차적으로 밝게 조절한다.
- 도착지 입국서류 작성에 대한 안내방송을 실시한다.
- 비행 중 제공됐던 서비스 용품, 즉 잡지나 기내 도서 등을
  회수하고 정리한다.
- 도착지 안내 방송 및 공항 안내방송을 실시한다.
- 승객의 좌석벨트 착용 및 등받이, 테이블, 팔걸이, 발판을
  원위치 시킨다.
- 갤리 장비, 식음료 서비스 시 사용한 카트를 고정시킨다.
- 화장실에 승객이 있는지를 확인하고 변기 덮개를 고정시킨다.
- 지정된 승무원 좌석에 착석하여 좌석벨트를 착용하고 '30초
  리뷰'를 실시한다.

착륙 후

객실 승무원은 착륙 후 항공기 엔진의 역회전이 끝나면 Farewell 방송을 통해 착륙 사실을 승객에게 알리며, 항공기가 공항에 착륙하더라도 안전벨트 착용 안내 표시등(Fasten Seatbelt Sign)이 꺼질 때까지 모든 승객이 착석해 있도록 한다. 아울러 모든 객실 승무원은 승무원의 보조좌석에 착석한 상태에서 마지막 착륙 행위가 마무리 될 때까지 움직이는 승객이 없도록 담당 구역 승객을 관리하며, 비행안전 취약단계 규정을 준수한다. 승객의 하기가 진행될 때에는 특별 서비스가 필요한 승객의 하기를 먼저 돕고, 승객의 하기가 끝난 뒤에는 비행 중 사용한 물품을 체크하고 그날의 비행과 관련된 각종 보고서를 작성한다.

- 항공기가 공항에 착륙하더라도 안전벨트 착용 안내 표시등이 꺼지기 전에 승객이 일어나지 않도록 한다.
- 객실 사무장 또는 캐빈 매니저는 항공기의 문(Door)을 열기 전에 슬라이드 모드(Slide Mode)의 정상위치를 확인한다.
- 안전벨트 해제 안내를 확인한 후 항공기 외부 지상 운송직원에서 항공기 문을 열어도 된다는 사인(Door Open Sign)을 준다.
- 승객들의 하기 시 탑승구에서 Farewell 인사를 하고 하기 순서에 따라 승객을 하기시킨다.
- 휠체어 승객이나 보호자 미동반 유아, 노약자 승객은 지상 직원에게 인계한다.
- 모든 승객이 하기하였는지 화장실 등을 확인한다.
- 기내에서 사용한 각종 기내 비치용 물품을 제자리에 보관한다.
- 다음 비행에 필요한 물품에 대한 주문서를 작성하고, 다음 승무원에게 인수인계가 필요한 부분에 관한 서류를 작성한다.
- 비행 후 시행하는 브리핑에 참석하여 변칙적인 상황이나 비행 중 발생한 일들에 대해 보고하고, 각종 보고서를 작성하여 제출한 뒤 비행업무를 종료한다.

아시아나항공 객실 승무원의 업무 절차

비행스케줄 확인

비행 전 준비사항 점검 및 이동

사무장 주관 승무원 브리핑

승무원 브리핑

운항 승무원(기장, 부기장)과의 기내 브리핑

승객 탑승 전 기내용품 정리

ASIANA CABIN UCC CLUB 러블리 BROS.
YouTube 영상: Time to FLY with 아시아나 A380

비품 및 보안장비 점검

승객 탑승 전 객실 점검

승객 탑승 안내

음료 서비스 제공

비행 중 승객 응대

착륙 전 안내 방송

05 객실 승무원의 의무 및 준수사항

객실 승무원은 승객의 안전하고 편안한 비행을 위해 정해진 의무와 준수사항을 이행해야 한다. 객실 승무원의 의무는 크게 승객 서비스와 업무수행, 해외 체재 규정으로 나눌 수 있다.

승객 서비스에 관하여

객실 승무원은 기장을 보좌하여 객실 내의 안전 및 쾌적한 환경 조성, 그리고 최상의 승객 서비스를 제공할 의무가 있다. 객실 승무원은 승객 서비스와 관련해 재해예방을 위한 안전수칙을 준수해야 하며, 항공사의 사전 승인 없이 기내에 탑재된 서비스 용품을 포함한 기내 물품을 반출해서는 안 된다. 이는 항공사의 재산이기도 하지만 승객에게 제공되는 서비스 물품이기 때문이다. 또 승객이 머리 위 선반에 짐을 올릴 경우, 이착륙 전은 물론 비행 중에도 항상 짐의 닫힘 여부를 직접 손으로 확인하여 승객이 다치지 않도록 하며, 짐이 객실 바닥이나 문 근처에 방치되는 일이 없도록 해야 한다. 비상상황이 발생하였을 경우 통로나 문 쪽에 방치된 짐으로 인해 승객 안전사고가 발생할 수

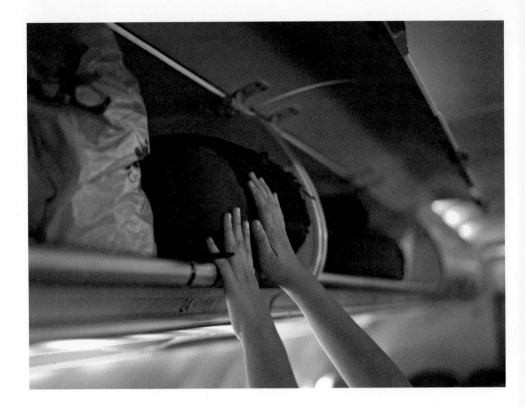

있기 때문이다. 또한 이는 승객의 기내 이용 과정에서 불편함을 줄 수도 있다.

특히 객실 승무원은 기내에서 진행되는 모든 서비스 과정에서 승객을 만족시켜야 한다는 의무를 가진다. 식사와 음료제공은 물론 승객의 개인적인 요구사항 역시 이에 해당한다. 또한 늘 승객에게 단정하고 밝은 모습을 보이고, 청결을 유지해야 할 의무가 있기 때문에 기내에서는 물론 외부에서도 용모와 복장에 신경을 써야 한다. 아울러 객실 승무원은 승객에 관한 제반 사항이나 기록에 대해 비밀을 유지해야 하며, 이에 관한 정보를 외부에 유출해서는 안 된다.

객실 승무원의 필수 휴대품

객실승무원의 필수 휴대품은 비행과 업무수행에 관한 것들로 제한된다. 객실 승무원은 각 항공사에서 제정한 항공여행 가방(Flight Bag)과 옷걸이, 신발, 앞치마 및 기타 업무상 필요로 인해 회사에서 제정한 것으로 제한되며, 그 외의 물건은 휴대할 수 없게 되어 있다. 또한 항공여행 가방에는 앞서 언급한 필수품 외 비행 업무에 필요한 업무 규정집이나 입출국에 필요한 여권, 신분증, 비상상황에 대비한 손전등, 필기구, 시계, 화장품 등을 휴대할 수 있다.

업무 수행에 관하여

업무 수행 과정에서 객실 승무원이 지켜야 할 의무와 준수사항은 다음과 같다.

객실 승무원은 주거지의 주소, 전화번호를 필히 등록하여야 하며, 변경사항이 발생할 경우 3일 이내에 변경 내역을 회사에 보고해야 한다. 객실 승무원은 필수 휴대품의 소지 의무도 있다. 객실 승무원은 출입국에 필요한 여권과 I.D CARD, 승무원 등록증 등의 필수 휴대품을 대기근무 및 승무 시 반드시 소지해야 한다. 이는 공항이나 다른 나라를 이용할 때 꼭 필요한 물품들이다. 또한 항공사는 승무원이 소지하는 각종 증명서의 유효기간에 최대한 협조해야 하며, 분실 및 훼손을 제외한 발급, 갱신의 경우에는 증명서 발급 담당자의 책임으로 규정하고 있다.

또한 객실 승무원은 객실 서비스팀 또는 승무원 대기실에 비치된 게시판이나 메일 및 인트라넷상의 지시 사항을 비행 전후 필히 확인하여 숙지하여 그날의 비행에 문제가 없도록 해야 한다. 자칫 이를 확인하지 않아 승객 서비스에 차질이 생길 수 있기 때문이다.

특히 객실 승무원의 신분으로서 방송 등의 홍보활동을 하는 경우에는 객실 서비스 팀장 및 홍보 팀장의 사전 승인을 받아야 한다. 그 외에도 일체의 홍보 활동을 할 수 없다.

객실 승무원은 일체의 수혈 역시 금지된다. 이 역시 안전한 비행을 위한 준수사항으로, 수혈로 인한 건강 이상이나 빈혈 증세로 비행에 차질이 발생할 수 있기 때문이다. 다만

비상사태 혹은 수혈을 필요로 하는 승객의 요청이 있는 경우에는 예외로 수혈을 할 수도 있다. 다만 수혈을 한 객실 승무원은 수혈 후 72시간 이내에는 비행을 할 수 없다. 객실 승무원은 할당된 항공기의 출발 24시간 이내에는 스쿠버 다이빙을 할 수도 없으며, 승무 시작 12시간 전부터 비행이 끝나는 시점까지는 알코올 섭취가 금지된다. 만약 승무 시작 12시간 이전에 알코올을 섭취하였더라도 비행 당시 혈중 알코올 수치가 0.04%를 초과해서는 안 된다. 또한 객실 승무원의 유니폼을 착용하고 음주를 해서도 안 된다. 특히 객실 승무원은 항공 안전 본부장이 지정한 공무원 또는 항공 안전 감독관 및 항공사의 요청이 있을 경우 혈중 알코올 농도 또는 마약, 약물의 잔존 여부에 대한 테스트를 받아야 한다. 객실 승무원이 알코올이나 마약, 약물에 취해있다면 비행 중 기본적인 승객 서비스를 제공할 수 없게 되는 것은 물론 긴박한 비상상황에 제대로 대처할 판단력을 잃게 될 수도 있기에 각별히 주의해야 한다.

특히 승객의 안전과 관련한 안전교육 프로그램을 꼭 이수해야 할 의무가 있다. 안전교육 프로그램은 비상장비실습훈련, 보안훈련 및 안전훈련 등 비상사태 대처와 구체적인 행동요령에 관한 것이다. 국토 교통부의 인가를 받아 실시되는 이 교육은 국제항공안전평가 기준을 넘도록 구성돼 있으며, 객실 승무원은 매년 정기훈련을 통해

제7장 A380

자격을 유지해야 한다. 아울러 비행 시 객실 승무원이 승객
안전을 담당하는 안전요원이라는 기내 안내방송을 의무화하고
있다.

객실 승무원은 근무 직전 혹은 승무 중 과도하게 조미되거나
강한 냄새를 풍기는 음식의 취식을 가급적 삼가야 하며, 만약
취식하였을 경우 양치질 등으로 구강을 청결하게 유지해야 한다.
강한 음식 냄새가 승객에게 불쾌감을 줄 수 있기 때문이다. 모든
승객은 늘 청결한 승무원을 기대하고 있다.

객실 승무원의 종류를 불문하고 약을 복용하고 있는 중에
승무를 해야 할 경우에는 항공의료 전문기관의 허가를 받아야
하며, 특히 안전에 상반되게 승무원의 직무수행능력에 영향을
미치는 약물을 사용 중일 때는 승무원으로서의 임무를
수행해서는 안 된다.

한편 객실 승무원은 소정의 회사 휴대품 및 공식 문서 이외에
타인의 개인적인 서신 내지 물품을 운반할 수 없으며, 내용물을
인지한 경우에도 안전 운항에 지장을 초래할 가능성이 있는
물품은 운반해서는 안 된다. 또 회사의 문서를 사전 승인 없이
외부에 양도 또는 대여해서도 안 된다.

> **객실 승무원 비상탈출
> 매뉴얼**
>
> 승객이 모두 빠져나간 뒤
> 에 기내에 화장실 등 잔류
> 자가 있는지 확인하고 탈
> 출한다.
>
> 비상상황을 전파하는 목
> 소리 크기가 110dB을 넘어
> 야 한다.
>
> 비상착수 시에는 구명조끼
> 사용방법을 시연하고 탈출
> 직전 승객들에게 문 앞에
> 서 부풀리도록 한다.
>
> 탈출 시에 승객에게 방해
> 될 만한 물건들은 모두 제
> 자리에 놓도록 한다.
>
> 승객이 휴대하고 있는 볼
> 펜이나 안경 등을 가방 속
> 에 넣도록 한다.

해외 체재 규정에 관하여

객실 승무원은 해외 체재 시 지정된 숙소 이외의 장소에서 허가 없이 숙박해서는 안 되며, 체재지가 속해 있는 행정구역 명칭상의 경계선을 넘어 이동할 수 없다. 장시간 외출은 사무장 또는 캐빈 매니저에게 행선지와 연락처, 귀환시간 등을 보고하고 허가를 받은 후에만 가능하다. 사무장 또는 캐빈 매니저는 장시간 외출을 하는 객실 승무원의 행선지, 연락처 및 전화번호, 귀환시간 등을 파악한 후 다음 근무에 지장을 초래하지 않는 한 외출을 허가해야 한다.

또한 비행을 위해 호텔에서 나서기 12시간 전부터는 비행에 지장이 없도록 충분한 휴식을 취할 의무가 있다. 또한 과도한 쇼핑이나 쇼핑몰에서의 부정행위는 금지되며, 지나친 음주나 도박 행위를 해서는 안 된다. 해외에서 내국인, 외국인을 막론하고 이성과의 풍기 문란 행위로 인해 항공사와 승무원의 이미지를 손상시켜서는 안 된다. 풍기 문란 행위에 대한 기준은 본인의 의도와 무관하게 타인에 의해 문란하게 인식되어지는 수준으로 판단된다. 또한 해외 체재 시 묵게 되는 호텔의 일반적인 규칙을 준수해야 한다. 예를 들면, 호텔에서의 취사 행위를 해서는 안 되며, 호텔 룸(Room)을 극도로 비위생적이거나 정돈치 않은 상태로 방치해서는 안 된다. 호텔의 다른 손님에게 불편을 끼치거나 취침을 방해하는 행동을 해서는 안 된다.

근무 시간과 형태

객실 승무원은 근무 시간 안에서 여러 형태의 근무를 하게 된다. 승무, 편승, 대기, 지상근무, 비행근무, 해외체류휴식근무, 휴무, 교육훈련 등이 포함된다.

근무 시간

객실 승무원의 근무 시간은 객실 승무원이 비행 임무를 위해 회사가 정한 장소에 도착한 시각부터 임무가 종료된 시각까지를 말하며, 총 근무 시간은 일정한 기준에 의해 산정되는데, 1개월은 매월 1일부터 말일까지며, 1년은 매년 1월 1일부터 12월 31일까지다. 객실 승무원의 개인별 승무(비행) 근무 시간은 규정에 따라 일, 월, 연간 일정 제한 시간을 두고 이를 초과하지 않는 범위에서 배정되며, 그 기준은 한 달 120시간, 석 달 350시간, 1년 1,200시간 이상을 초과해서는 안 된다. 만약 승무 시간이 초과되거나 초과가 예상될 경우 적절한 조치를 회사 측에 요구해야 하며, 승무 시간을 미리 확인하지 않거나 조치를 요구하지 않을 경우 객실 승무원 본인이 1차적으로 책임을

져야한다. 모든 객실 승무원은 개별 근무 스케줄 표에 따라 근무를 수행하게 된다. 따라서 객실 승무원은 수시로 개별 근무 스케줄 표를 확인해야 하는 것이다. 스케줄 표에는 이름, 직원 번호, 직급, 직책, Base, Fleet(탑승 가능 기종) 등의 개인 정보와 출발·도착시, 날짜별 출발·도착시간 등의 비행일정, 그리고 휴무, 병가, 대기, 교육, 전원 비행시간, 연간 비행시간 기타 정보가 수록된다.

한편 모든 객실 승무원은 근무 시간 안에서 여러 형태의 근무를 행하게 된다. 객실 승무원의 근무 형태에는 승무(ON-Duty), 편승(Additional Flight), 대기(Stand-By), 지상근무, 비행근무, 해외체류휴식근무, 휴무(Day Off), 교육훈련(Training : TR) 등이 포함된다. 이러한 근무는 일정한 원칙에 따라 할당되는데 첫째, 항공법에 의거하여 비행 안전을 담보할 수 있는 최소한의 탑승 인원이 할당되어야 한다. 둘째, 객실 승무원 개개인의 노선별 탑승 횟수 및 비행시간을 적절하게 안배한다. 셋째, 국내선 및 국제선에 대해 적절한 편성 작업을 한다. 넷째, 승무 인력 수급 계획의 변동 사항을 수시로 확인한다. 각 항공사는 이러한 원칙을 바탕으로 객실 승무원의 근무를 할당함으로써 승객 안전과 최상의 서비스를 유지하도록 하고 있는 것이다. 이에 객실 승무원은 근무 스케줄 표에 배정된 근무를 사전 승인 없이 불이행할 경우 징계의 대상이 되며, 승무원 상호 간에 임의로 바꿔 근무할 수 없다. 이제 객실 승무원은 근무 시간 내에 어떠한 근무를 행하고, 그 근무 형태는 어떠한 것들인지 살펴보자.

8가지 근무 형태

　객실 승무원의 근무형태 중 처음으로 알아볼 내용은 승무다.
승무시간(Flight Time)은 항공기의 경우 이륙을 목적으로 비행기가
최초로 움직이기 시작한 때부터 비행이 종료되어 최종적으로
항공기가 정지한 때까지의 총 시간을 말한다. 반면 비행시간은
객실 승무원이 항공기에 탑승하여 소정의 업무를 시작하는
순간부터 해당 비행이나 연속된 비행 업무를 마친 시점까지의 총
시간을 뜻한다.

　승무 시 객실 승무원의 탑승 인원은 효율적인 서비스 업무를
수행하는데 차질이 없어야 하며, 승객의 좌석별 일정한 서비스를
유지할 수 있는 적정선에서 결정된다. 무엇보다 승객의 안전을
확보할 수 있어야 하기 때문에 최소한의 탑승 승무원 수는 승객
좌석 50석당 1명으로, 각 항공사는 이 기준을 준수하여 승무
인원을 배정해야 한다.

둘째 편승은 객실 승무원이 업무를 종료한 후나 다음 승무를 위해 공항과 공항 간을 항공기편으로 이동하는 것을 말한다. 이때 편승에는 페리 비행(Ferry Flight)이 포함되는데, 페리 비행이란, 항공기 정비나 배달 또는 편도 전세기 운항을 위한 비행으로, 여객 없이 운항하는 비행 편을 말한다. 즉, 승객 없이 이동을 위해 항공기에 탑승하는 것 역시 객실 승무원의 근무 중 하나로 보는 것이다. 편승 시 객실 승무원은 자사는 물론 타사의 항공기도 이용할 수 있다. 하지만 주의할 점은 편승 시 승무원 신분을 노출시키지 않아야 하므로 사복 차림을 원칙으로 한다는 것이다.

셋째 대기 근무는 쉽게 말해 객실 승무원이 승무 등을 위해 특별장소에서 대기하는 것이다. 이는 비행 예정인 항공편에서 객실 승무원의 결원이 발생하거나 항공기 변경으로 인원 충원이 필요할 때 승무 인력을 즉시 공급하기 위한 조치로, 대기 중인 승무원을 현장에 즉시 투입함으로써 항공기 지연을 사전에 방지하는데 그 의의가 있다.

대기 근무는 두 가지로 분류되는데, 공항의 승무원 대기실에서의 공항 대기(Airport Stand-By)와 거주지에서 대기하는 자택 대기(Home Stand-By)가 바로 그것이다. 공항에서 대기를 할 때는 완전한 승무 복장을 갖추고 어떠한 승무에도 임할 수 있는 준비 상태로 있어야 하며, 지정된 근무 장소에서 대기하고 있어야 한다. 이때 지정된 장소를 이탈해서는 안 되며, 출퇴근 시 반드시 출석 대장(Show-Up)에 본인이 직접 서명해야 한다. 또한 자택에서 대기할 경우에는 회사와 연락 가능한 방법을 유지하며, 언제든 승무에 투입될 수 있도록 개인적인 약속이나 생활은 자제하는 것이 좋다.

또한 회사로부터 승무 지시를 받으면 3시간 이내로 출근해야 한다.

넷째 지상 근무다. 객실 승무원은 비행 중 기내 업무만 한다고 생각할 수도 있지만, 지상에서도 여러 형태의 업무가 이뤄진다. 객실 승무원은 객실 서비스 관련 계획 업무나 지원 업무, 훈련 업무 등을 위해 지상에서 근무하고 있다. 즉, 객실 서비스를 위한 제반 사항을 기획하고 준비하거나 교육 및 훈련, 특별 행사 등의 지원을 위해 지상에서 근무하는 것이다. 이에 반해 다섯째 비행 근무는 개인별 스케줄에 따라 항공기에 탑승하여 업무를 수행하는 것을 말한다.

여섯째 해외체류휴식 역시 근무에 속한다. 이는 해외 체류 시의 휴식을 말하는 것으로, 이 기간 동안 객실 승무원은 개인의 기호에 따라 자신의 시간을 보낼 수 있으며, 다음 근무를 위해 휴식을 취하거나 쇼핑 및 여행 등을 할 수 있다. 자칫 해외체류휴식을 비행이 끝난 뒤 갖는 개인의 휴식시간으로 생각할 수도 있지만, 이는 근무의 연속선상에 있다. 왜냐하면 객실 승무원이 비행 근무 중 승객의 안전을 도모하고 양질의 서비스를 제공하기 위해서는 충분한 휴식이 필요하기 때문이다. 이런 의미에서 해외체류 시 승무원이 묵게 되는 호텔 역시 근무 장소로 보고 있으며, 항공사는 해외체재시의 준수사항을 정하고 그 안에서 승무원들이 자유롭게 휴식을 취하도록 하고 있다.

일곱 번째는 휴무다. 객실 승무원은 개인 스케줄에 따라 휴무가 결정되는데, 보통 한 달에 6~7일 정도 된다. 하지만 해외체류휴무까지 포함하면 훨씬 늘어난다. 여덟 번째 교육 훈련으로, 신입 교육에서부터 각 직급별, 클래스(좌석)별 서비스 및 안전에 관한 법정교육 과정 등이 해당된다. 모든 객실 승무원은 직급에 따라 업무 수행에 필요한 교육을 이수, 통과하여야만 비행 탑승 근무를 할 수 있어, 교육 훈련 역시 하나의 근무형태에 속한다.

비행근무시간과 휴식시간

항공기를 이용하는 사람들의 많은 수가 궁금해 하는 것 중에 하나가 바로 '객실 승무원은 어디서 쉴까?'이다. 연속되는 24시간 동안 12시간을 초과하여 승무할 경우 항공기에는 휴식시설이 있어야 한다. 이에 객실 승무원은 국제선의 장거리 비행일 경우 기내식 서비스가 끝난 직후 2교대로 휴식을 보장받으며, 승무원용 휴식 칸(Crew Rest)에서 휴식을 취한다. 휴식 칸에는 침상이나 좌석이 구비되어 있으며, 휴식을 위해 지정된 좌석은 1인당 1좌석을 사용할 수 있다. 아울러 휴식 중인 승무원은 신분이 노출되지 않도록 유의해야 하며, 휴식 중 여가 활동을 해서는 안 된다. 휴식시간은 다음 근무를 위해 반드시 충분한 휴식을 취하는 시간으로만 활용해야 하는 것이다.

그렇다면 객실 승무원은 어느 정도의 휴식시간을 가지게 될까? 항공운송사업자는 객실 승무원이 연속되는 7일마다 연속되는 24시간 이상의 휴식을 취할 수 있도록 해야 한다. 객실 승무원의 비행근무시간과 그에 다른 휴식시간은 다음과 같다.

객실 승무원 수	비행근무시간	휴식시간
최소 객실 승무원 수	14시간	8시간
최소 객실 승무원 수에 1명 추가	16시간	12시간
최소 객실 승무원 수에 2명 추가	18시간	12시간
최소 객실 승무원 수에 3명 추가	20시간	12시간

객실 승무원의 교육 훈련과 종류

각 항공사는 이론보다는 실습 위주의 교육과 훈련에 무게를 더 두고 있다. 항공사마다 그 형태와 내용은 조금씩 다르지만, 모든 항공사는 세분화된 교육과정을 통해 신입에서부터 사무장까지 모든 객실 승무원에 대해 교육 및 훈련을 의무적으로 시행하고 있다. 그 내용을 살펴보면, 기본적인 신입 교육훈련, 수습 비행 훈련(On the Job Training), 팀워크 전문훈련에서부터 노선별 국내선 근무 훈련, 국제선 훈련, 그리고 서비스 관련 상위 클래스 서비스 전문 훈련과 직급별 보수 교육 훈련, 안전 훈련, 승격 훈련 등 각 교육 훈련은 객실 승무원이 최상의 서비스를 제공하고, 승객의 안전을 지킬 수 있는 내용으로 이뤄져 있다.

구체적으로 살펴보면, 기본적인 신입 교육훈련은 외국어, 업무 절차, 응급상황 대처방법에 대한 교육과 실습, 국제선 업무절차에 대한 이해 등 비행 실무에 대한 전반적인 것으로 이뤄진다. 안전훈련의 경우 신입 훈련 이후에도 비행 근무 시 반드시 정기적으로 훈련을 받도록 되어 있다. 항공기에 만일의 비상사태가 발생할 경우 객실 승무원은 즉각 필요한 조치를 취할 수 있는 지식과 능력을 갖춰야 한다. 이러한 지식과 능력을 습득하고 일정한 수준을 유지하기 위해 운항규정에 명시된 객실 승무원 안전훈련 심사규칙에 따라 소정의 법정교육을 이수하고 심사에 합격해야 하는 것이다. 훈련의 내용은 주로 비상 탈출 시의 행동절차, 승객 통제요령, 비상장비 사용법, 응급처치법 등이며, 훈련 과정에서 일정한 테스트를 거쳐 통과해야만 안전훈련에 대한 자격을 유지할 수 있다. 객실 승무원은 승객의 안전을 책임지는 사람으로서 기본적인 안전훈련과정을 정기적으로 반복해야 한다.

이러한 객실 승무원에 대한 교육 및 훈련은 철저한 실무위주의 교육으로 현장에서 적용효과를 극대화할 수 있는 시스템 안에서 이뤄지며, 사무장 출신 등 현장 경험을 충분히 쌓은 강사를 초빙하여 능률을 올릴 수 있도록 하고 있다.

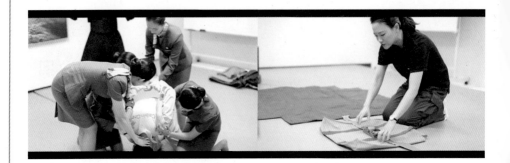

ASIANA CABIN UCC CLUB 러블리 BROS.
YouTube 영상: 아시아나항공 승무원 안전훈련

객실 승무원하면 가장 먼저 떠오르는 이미지가 바로 멋진 유니폼을 입고
당당하면서도 우아하게 걷고 있는 모습이 아닐까.

　객실 승무원하면 가장 먼저 떠오르는 이미지가 바로 멋진
유니폼을 입고 당당하면서도 우아하게 걷고 있는 모습이 아닐까.
초기 객실 승무원은 간호사에서 유래했기 때문에 복장은 흰색
가운에 흰색 모자를 쓰는 것이 보편적인 모습이었다. 그러다
세계대전을 거치며 군복을 변형한 유니폼이 한동안 유행을
끌었으며, 특히 여성 특유의 맵시를 살리며 주목을 받았다.
현재는 각 나라의 문화와 전통, 그리고 각 항공사의 특성을 살린
실용적인 유니폼이 각광받고 있다.

항공사별 유니폼

객실 승무원은 항공사의 이미지이기도 하다. 각 항공사는 유니폼으로 항공사의 이미지를 선보이며 홍보수단으로 활용하고 있다. 유니폼은 단순히 승객과 승무원의 구분을 위한 것이 아니라, 조직 전체의 개성과 특성을 나타내는 하나의 수단인 것이다.

우리나라 여성 객실 승무원의 유니폼은 1969년 대한항공의 첫 민항기 '점보기'에서부터 착용하기 시작했다. 유니폼은 까만 구두에 흰 장갑, 모자를 착용했으며 당시 가수 윤복희의 미니스커트 열풍에 따라 치마 길이는 비교적 짧았다. 이후 1970년대에 들어서며 기능성을 강조한 유니폼이 등장하기 시작했다.

우리나라 항공산업은 2000년대 초반까지만 해도 대한항공과 아시아나항공으로 대표되었다. 하지만 외국항공사의 진입과 저비용항공사의 등장으로 유니폼 역시 다양화되고 있다. 항공사는 각각의 컬러와 디자인으로 회사의 이미지나 추구하는 바를 유니폼을 투영시키고 있으며, 우리는 유니폼만으로도 항공사의 이미지를 떠올릴 수 있다.

대한항공의 유니폼은 많은 변화를 겪어 왔다. 최근에 선보인 연푸른색의 유니폼은 우리나라 고유의 청자를 연상시키는 것은 물론 하늘을 떠올리게 한다. 비녀를 본 딴 헤어핀 등으로 따뜻하고 맑은 이미지를, 와이어로 고정된 스카프로는 '비상'을 표현했다. 또 대한항공은 2005년 편의성을 고려해 국내 최초로 치마 외에 바지를 도입하기도 했다.

다양한 색상을 사용하는 아시아나항공은 한국 전통의 색동 무늬와 회색, 갈색을 중심으로 고급스럽고 단아한 여성미를 표현하고 있다. 특히 색동 무늬를 유니폼의 목깃, 스카프, 소매는 물론 비행기, 아시아나 로고, 티켓에도 사용하며 통일감을 주고 있다. 아시아나항공의 유니폼은 영국 파이낸셜 타임지로부터 세계 최고의 유니폼이라는 찬사를 받기도 했다.

이스타 항공의 유니폼은 붉은색 와이드 벨드로 차별화를 됐다. 이는 에니지와 강한 힘, 도전과 역동성 등을 강조한 것으로, 동양과 별을 표현한 색깔이다. 특히 오색 스카프는 동서남북과 중앙의 방위를 지켜주는 안전을 상징하며, 재킷의 짧은 길이와 끝으로 갈수록 넓어지는 소매 폭은 한복 저고리를 연상시키며 한국적인 멋을 나타낸다.

진에어는 국내에서 유일하게 티셔츠와 청바지를 유니폼으로 선보인 항공사다. 진에어의 승무원들은 타 항공사와 달리 캡이 달린 모자와 칼라가 더해진 티셔츠, 청바지를 입고 근무한다. 이는 고객에게 젊고 밝은 느낌으로 친숙하게 다가가는 것은 물론 자유와 실용을 상징하는 청바지로 저가항공 특유의 실용성을 강조하기 위한 것이다.

제주항공은 젊고 신선한 이미지를 강조하고 있다. 연한 베이지 색상의 유니폼과 감귤을 상징하는 오렌지색 스카프로 밝고 유쾌한 이미지를 내고 있는 것이다. 제주항공의 경우 오렌지색 스카프는 포인트 넥타이식으로 매는 방법과 꽃모양으로 매는 방법 등 두 가지로 가능하다.

이스타항공은 빨강색을 전용색으로 사용하고 있다. 객실 승무원의 유니폼에도 빨강색으로 이스타항공만의 특색을 드러내고 있으며,

경비절감을 통해 고객의 부담을 줄이려는 항공사의 계획으로 유니폼을 동대문에서 제작하기도 했다. 다른 항공사와 달리 승무원들이 가지고 다니는 캐리어도 항공사 전용의 것을 사용한다.

에어부산은 유니폼에 파랑색을 주로 사용하고 있다. 부산의 바다와 하늘을 표현하는 네이비 블루와, 젊은 항공사를 강조하는 라이트 블루, 라임 그린의 유니폼을 착용한다. 티웨이항공의 유니폼은 기획 단계에서부터 각 현장 부시 직원들의 의견을 수렴해 실용싱을 중시하고 개성에 중점을 둬 디자인됐다. 대표 색상인 빨강색을 강조해 젊고 생동감 있는 이미지를 부각하고, 스카프에는 초록색을 사용함으로써 보색대비를 이루게 했다.

착용 수칙

유니폼은 각 항공사에서 지급한 것에 한하며 그 형태나 규격을 임의로 변경할 수 없다. 또한 유니폼을 제3자에게 매매하거나 교환할 수 없으며, 항상 완전한 상태로 착용해야 한다. 유니폼 착용 시 규정된 부착물인 명찰이나 윙(Wing), 견장, 기타 지정된 부착물 이외 일체의 개인적인 부착물 역시 패용해서는 안 된다. 또한 유니폼은 언제나 다림질해서 반듯한 상태로 착용해야 하며, 오염이나 얼룩이 없도록 청결에 유의해야 한다.

유니폼을 착용한 이후에도 유의사항이 있다. 객실 승무원은 유니폼을 착용하고 주류를 판매하는 장소에 출입해서는 안 된다. 하지만 식사를 할 목적으로 식사와 주류를 함께 판매하는 식당을 출입하는 경우에는 예외다. 국내외 면세점이나 공항 내 쇼핑몰 및 상점 출입 역시 안 된다. 또한 유니폼을 착용하고 껌을 씹어서도 안 되며, 안경이나 선글라스도 착용하면 안 된다. 시력교정용 안경이 필요한 승무원은 콘택트렌즈를 사용해야 한다. 하지만 출퇴근 시 착용은 가능하다. 유니폼 착용 시에는 객실 브리핑부터 비행근무 후 입국장 통과 시까지 휴대폰 사용을 금하며, 근무종료 이후라도 이동 중 휴대폰 사용을 금한다.

이뿐만이 아니다. 편승 시에도 유의할 점이 있다. 대한민국 출입국 또는 해외에서 자사 항공기를 이용할 경우에는 반드시 유니폼을 착용해야 하며, 타사 항공기 탑승 목적으로 해외 공항 출입국시에는 해당 공항 규정에 따라 유니폼 또는 사복 정장을 착용해야 한다. 편승 시 사복을 착용할 경우 승무원의 복장은 단정하면서도 기내 휴식을 취하기에 적합한 복장이어야 하며, 화려한 색상이나 노출이 심한 복장, 몸에 끼는 바지 등은 금지하고 있다.

객실 승무원의 보수

항공사는 다양한 교육의 기회와 해외주재원 선발 등을 통해 자발적으로 회사에 기여할 수 있도록 동기를 부여하고 있다.

보수

객실 승무원의 보수는 항공사마다 큰 차이를 보인다. 우리나라 항공사의 객실 승무원 평균 급여는 월 170~200만원의 기본급과 상여금 600~800%, 각종 수당, 의료보험, 퇴직금 등으로 이뤄진다. 국내 항공사의 객실 승무원 평균 초임 연봉은 2,800만 원선으로, 메이저 항공사의 경우 3,500만~4,000만 원대이다. 대한항공과 아시아나항공이 메이저 항공사 연봉급을 받는다. 저비용항공사 중에도 인기가 높은 에어부산의 경우 기본급 + 상여금 + 비행 수당 + 그 외 수당으로 구성되며, 인턴기간 후

정직원 전환 시 600%의 상여금을 받게 된다. 즉, 12개월 중 절반인 6개월은 기본급을 한 번씩 더 받게 되는 것이다.

근무 횟수가 늘어날수록 직급과 비행 횟수 등에 따라 보수는 올라가게 된다. 여기에 해외에 머무는 동안 받게 되는 체류비용과 각종 수당까지 합하면 연봉은 이보다 늘어난다. 사무장이 되면 연봉 1억 원 가까이 받으며, 여성 객실 승무원보다 남성 객실 승무원의 연봉이 조금 더 높게 책정된다. 또한 객실 승무원의 급여는 고정급이 아니기 때문에 개인의

비행시간에 따라 조금씩 차이를 보이며, 경력에 따라 호봉이
올라가 연봉상향 폭이 크다. 해외체재비는 비행국의 물가를
반영하며, 퇴직금은 최근 3개월의 월 급여 평균에 근무연수를
곱한 값이다. 이외에 야간근로, 휴일근로 할증금, 위험수당,
청원경찰수낭 등이 연봉에 더해진다.

외국 항공사의 경우 기본급+상여금+@로 연봉이 정해진다.
해외에서 거주해야 하는 외국항공사의 경우 국내 항공사에 비해
급여가 높은 편이다. 외국 항공사 객실 승무원의 월급은
평균적으로 기본급은 150~220만 원선이며, 상여금과 보너스가
많은 게 특징이다. 이에 객실 승무원 초봉이 3,000만~4,000만
원대로, 우리나라 메이저급 항공사와 비슷한 수준이다.

실제로 싱가포르항공 객실 승무원의 연봉은 대한한공이나
아시아나항공보다 높은 것으로 알려져 있다. 싱가포르항공의
객실 승무원 연봉은 기본급 220만 원에 상여금 600%, 외에도
주택 보조비, 퇴직금, 세탁비, 체류비 등이 포함되어, 대략
4,500만 원 정도다. 여기에 100~200% 추가성과급이 지급되는
경우도 있다. 또 싱가포르항공의 객실 승무원으로 근무하게 되면
싱가포르 시내 아파트에서 생활하게 되는데, 이때 지출되는
주거비뿐만 아니라 생활비 역시 지급받게 된다.

카타르항공은 중동지역을 취항하는 항공사로, 이곳 객실
승무원의 연봉은 초봉 약3,000만~4,000만 원 수준이다. 기본급
180만원에 비행수당, 해외체류비, 상여금 등이 포함된다.

> **객실 승무원 평균 급여**
>
> **기본급+비행수당+해외체류비+기타+상여금(보통 600~800%)+이착륙수당+교통보조비+오버타임수당 등**
>
> **교육 중 : 기본급의 90%**

복리 후생

　객실 승무원의 복리 후생은 다른 업계와 비교 시 매우 높은 편에 속한다. 특히 외국 항공사의 경우 급여 수준이나 복리후생은 매우 높은 수준이며 이는 항공 서비스 업무 자체가 가지는 특성에 따른 것이다. 항공기를 이용하는 승객에게 질 좋은 서비스를 제공하기 위해서는 객실 승무원에게 제공되는 복지혜택 역시 중요하기 때문이다. 또 외국에서 주로 체류해야 하는 외국 항공사의 경우 생활에 필요한 여러 여건을 제공함으로써 객실 승무원이 타지에서도 불편함 없이 생활할 수 있도록 하고 있다.

　국내 항공사의 경우 객실 승무원의 비행시간은 평균 60~100시간이며, 연차는 입사 후 첫해에는 11일 정도며, 근무연수가 증가하면 하루씩 증가한다. 예전에는 결혼 후 임신을 하게 되면 일을 그만둬야 하는 경우가 많았지만, 지금은 출산 및 육아 휴직이 보장되기 때문에 결혼 후에도 대부분 근무를 계속하며, 임신한 것을 아는 순간부터 휴직을 신청할 수 있다. 출산 후 아이가 첫 돌이 될 때까지 휴직이 가능하다. 이에 여성 객실 승무원 중 40% 가량이 결혼한 여성이다.

　또 항공사 직원이 자사의 항공기를 이용할 경우 할인 및 무료 혜택을 받을 수 있다. 본인과 배우자의 항공할인권은 물론 객실 승무원의 가족에게도 효도항공권이 지급된다. 특히 일부 항공사의 경우 결혼한 직원에 한해 직원 아파트를 제공해주기도 한다. 또한 항공사는 다양한 교육의 기회와 해외주재원 선발 등을 통해 자발적으로 회사에 기여할 수 있도록 동기를 부여하고 있다. 항공사별 복리후생을 몇 가지 정리해 보면 다음과 같다.

항공사	복리후생
대한항공	• 직원 및 직계가족 할인항공권 지원 • 건강, 사회보험 관련 프로그램 지원 • 주택지원 • 학자금 지원제도
아시아나항공	• 직원 및 가족 항공권 할인 제공 • 정년퇴직 여행비 지원 • 학자금 지원 • 건강, 사회보험 관련 프로그램 지원
에어부산	• 항공권 지원 • 여가 및 문화생활 지원 • 주거 지원 • 금호아시아나그룹 계열사 할인 혜택 • 학자금 지원
제주항공	• 임직원 우대 항공권 지원 • 여행 패키지 및 제휴호텔 할인 • 자녀학자금 지원 • AK PLAZA & MALL 직원할인 • 교육지원 • 건강관리 지원
진에어	• 퇴직연금 가입 • 명절, 생일 선물 지급 • 휴가철 유명콘도 이용권 • 우수사원 해외연수 • 헬스키퍼 지원

항공사	복리후생
이스타항공	• 퇴직금 • 계열사 할인 • 여가 및 문화생활 지원 • 주거 안정 지원
티웨이항공	• 취항하는 모든 노선 무료 • 가족 항공권 무료
싱가포르항공	• 연21일 휴가 • 연1회 100% 할인티켓 제공 • 연4회 75% 할인티켓 제공 • 주택보조금, 생활보조금 지급, 문화활동지원, 　종교활동지원, I.D카드 할인혜택 제공
카타르항공	• 주택 무료제공(룸메이트와 생활) • 생활비, 전기세, 수도세, 전화세 무료 • 스포츠 센터 등 건물 내 모든 이용 시설 무료 • 세금 면제 • 1년에 4회 90% 할인되는 항공권 지급 • 타항공사 90% 항공권 무제한 • 1년에 15일씩 2번 휴가 지급
동방항공	• 퇴직금 • 연 휴가 및 월차 • 출산 휴가 및 병과 휴가

승진

객실 승무원이 직급체계는 승무원, 부사무장, 사무장으로 크게 3단계로 나눌 수 있지만 승진과정은 보다 세분화되어 있다. 항공사마다 조금씩 차이는 보이지만, 대체로 모두 5단계로 구성되어 있다.

〈객실 승무원의 직급체계〉

직급체계	근무연수	
객실 승무원	대한항공	아시아나항공
수석사무장CP(Chief Purser) / Inflight Service Manager	–	–
선임사무장SP(Senior Purser)	3년	4년
사무장PS(Purser)	3년	4년
부사무장AP(Assistant Purser)	3년(4년제) / 5년(2년제)	4년
승무원(Stewardess, Steward)	3년	3년

객실 승무원의 승진체계는 남녀 차별이 없고, 오로지 근무 성적에 따라 승진이 이뤄지는 시스템이다. 보통 국내 항공사의 경우 객실 승무원 공채시험에 합격하면 1~2년간의 수습 과정을 거치게 하고 있다. 승무원이 되면 경력에 따라 진급이 나뉘게 되는데, 1년차인 주니어(Junior)와 2~3년차인 시니어(Senior), 4~5년차인 비즈니스 시니어, 6~7년차인 퍼스트 시니어로 구분된다. 수습 과정은 국내선이나 국제선 승무원 모두 거쳐야 하는 과정이며, 국내선 전담 승무원일 경우 국내선에서 몇 년간의 경력을 쌓은 뒤 국제선으로 가는 경우도 있다. 일부 항공사에서는 4년제, 2년제와 같은 학력, 군 경력 상관없이 입사 후 3년 차가 되면 바로 대리로 진급할 수도 있다.

부사무장이나 사무장이 되기 위해서는 일정한 자격심사를 거쳐야 한다. 신입 승무원의 경우 3~5년의 비행 근무를 수행한 후 자격심사를 거쳐 부사무장에 오를 수 있다. 부사무장은 보통 영어 알파벳의 앞 글자를 따서 AP(Assistant Purser)라 부르며, 부사무장이 된 후 3~4년이 넘으면 사무장으로 진급할 수 있는 자격이 주어진다.

사무장은 경력에 따라 또 세부적으로 나뉘게 되는데, 사무장이 된 승무원은 3~4년의 경력을 쌓으면 선임 사무장으로의 진급할 수 있는 기회가 주어지며, 다시 3~4년의 경력을 쌓으면 승무원직에서 가장 높은 직급인 수석 사무장이 될 수 있다. 이는 일반직의 부장급에 해당한다. 이러한 승진 과정에서 남녀의 차이는 없으며, 여성이기 때문에 손해를 보거나 승진이 늦어지는 경우도 없다. 객실 승무원의 승진은 경력이나 근무 성적에 따라서만 좌우되며, 비행기의 등급이나 기종이 높아지면 그에 해당하는 교육과 훈련을 이수함으로써 직급 역시 올라가게 된다. 한편, 객실 승무원의 정년퇴임은 55세로 규정되어 있으며, 외국 항공사의 경우 국내 항공사보다 승진이 빠른 편이다.

미국 최초의 흑인 스튜어디스

미국인 루스 캐롤 테일러(Ruth Carol Taylor)는 첫 흑인 여성 객실 승무원이다. 그녀는 1958년 2월 11일 객실 승무원으로서 첫 비행을 시작했다. 그리고 이는 흑인 여성 객실 승무원으로서도 최초의 비행이었다. 뉴욕주 이타카에서 뉴욕시까지 운행한 모호크항공에서 그녀는 객실 서비스 업무를 수행했다. 하지만 그녀에게 객실 승무원으로서의 삶은 단지 하나의 직업을 갖는 의미만은 아니었다. 당시 미국에서는 피부색에 대한 차별이 극심했고, 흑인이 객실 승무원이 되기 위해서는 인종차별의 벽을 넘어야 했다. 그녀는 왜 승무원이 되었냐는 사람들의 질문에 "승무원이 멋있어서 지원한 것이 아니라 차별과 싸우기 위해 지원했다"고 말하기도 했다.

승무원 은퇴 후 어떤 일을 할 수 있나?

하늘에서의 활동에만 초점이 맞춰져 있던 객실 승무원의 업무영역을 지상으로 확장시켜 보면 미래가 보다 기대되는 직업임을 알 수 있다. 객실 승무원 생활을 통해 다른 나라에 대한 문화의 여러 외국인들의 생활습관, 국제적인 매너, 생활영어까지 몸에 익힐 수 있어 퇴직 후에도 매너 강사, 외국인 기업, 호텔, 일반 여행업까지 많은 직업을 가질 수 있다. 또 객실 승무원을 대상으로 서비스 및 안전교육훈련을 담당하는 객실 훈련원 강사가 될 수도 있다. 객실 훈련원 강사가 되기 위해서는 관련 부문의 경력이 3년 이상이 돼야 한다. 또 항공기 객실 승무원을 양성하는 승무원 양성학원 강사가 될 수도 있다. 강사가 되려면 학원마다 조건이 조금씩 다르지만, 역시 일정 기간 이상의 항공 관련 경력이 필요하다. 또 밝고 아름다운 이미지가 중요한 승무원 경험을 경력 삼아 사람들에게 맞는 이미지를 찾아주는 이미지 컨설턴트가 될 수도 있다. 경우에 따라서는 일종의 서비스 강사로서 전문 교육이 필요하다.

전직 객실 승무원이 가장 선호하는 퇴사 후의 재취업 직종은 바로 이미지 컨설턴트나 서비스 강사, 예절교육 강사, 대학 강사다. 또 이는 일반 대학생이나 호텔 근무자들에게도 최근 인기 직종으로 부상하고 있다. 이에 이미지 컨설턴트나 서비스 강사가 되기 위해서는 전문 기관의 교육을 미리 받아 준비하는 것이 좋다.

최근에는 여성으로서는 최초로 한국공항공사 1급 지위에 올라, 객실 승무원의 경험을 바탕으로 새로운 일에 도전하는 사례도 생겨나고 있다.

모든 직업에는 장단점이 존재한다. 화려해 보이는 객실 승무원 역시 마찬
가지다. 객실 승무원이란 직업의 장단점은 근무 장소가 비행기라는 하늘
위 공간에서 기인한다고 볼 수 있다.

장점

객실 승무원의 가장 큰 장점은 세계 각국을 여행할 수 있다는
점이다. 스케줄에 따라 오늘은 미국, 내일은 중국으로 갈 수도
있다. 국제선을 탈 경우 도착지에서 바로 돌아오는 것이 아니라
2~3일의 체류기간이 존재하기 때문에 해외 체류일 동안 국경을
넘지 않는 범위 내에서 마음대로 구경도 하고 쇼핑도 즐길 수
있다. 또한 비행업무로 인해 해외에 체류할 경우 고급 호텔이
숙소로 제공되기 때문에 저렴한 비용으로 해외여행을 할 수 있는
것이다.

대부분의 사람이 객실 승무원의 장점 중 으뜸으로 꼽는 것 중
하나가 바로 항공권 할인 등의 혜택을 받을 수 있다는 것이다.
국내선은 물론 값비싼 국제선에 대해서도 각 항공사는 객실

승무원을 포함한 모든 직원에게 할인 혜택을 주고 있다. 국내선의
경우 무료항공권을 제공하며, 국제선의 경우 90%할인된 가격에
왕복티켓을 제공한다. 이는 항공사별로 차이가 있지만, 대부분의
항공사가 객실 승무원 당사자는 물론 그 직계가족에게 항공권
할인 혜택을 주고 있다.

높은 급여와 복리후생 역시 객실 승무원의 장점이다. 객실
승무원은 다른 서비스 업종에 비해 비행수당과 해외체류비 등의
부가 수입이 있어 급여가 높은 편이다. 또한 항공권 할인 외에도
계열사 할인, 체력단련 등 항공사들은 다양한 복리후생을
제공하며 객실 승무원의 직업 만족도를 높이고 있다.

이외에도 변화하는 비행 스케줄에 따른 시간활용 역시 객실
승무원이 가지는 하나의 장점으로 손꼽히고 있다. 객실 승무원은
다른 직업과는 달리 업무의 시작과 끝이 일정하지 않으며, 비행
스케줄에 따라 근무시간이 변화한다. 또 주말에만 쉬는 일반
직장인과 달리 비행이 없는 날에는 평일에도 며칠씩 쉴 수 있어
탄력적인 근무와 자유로운 시간 활용을 선호하는 사람들에게
탁월하다.

단점

직업으로서의 객실 승무원의 단점은 체력적인 부문이 많다. 객실 승무원의 경우 비행과 여정에 따라 근무형태가 바뀐다. 따라서 주야 구분 없이 근무해야 하는 날이 많다. 또한 사차문제로 인해 밤과 낮이 바뀔 수 있어 개인적인 체력관리가 매우 중요하다. 평균 비행시간이 14~16시간 이상 되는 국제선 스케줄일 경우 그 시간 동안 객실 승무원은 서서 일해야 한다. 허리와 다리 통증은 호소하는 승무원이 많은 이유다. 따라서 비행시간 동안 거의 서서 일하는 객실 승무원은 평소에 건강 및 몸의 유연성을 유지해야 하며 규칙적인 운동과 스트레칭을 하는 것이 좋다.

자신의 감정을 숨긴 채 미소로만 승객을 응대해야 하는 것 역시 힘든 일이다. 늘 서비스에 만족하는 승객만 있을 순 없다. 불만을 표출하는 승객을 미소로 응대해야 하는 것은 객실 승무원의 기본이다. 다양한 승객의 여러 요구를 만족시키기 위해 객실 승무원은 자신의 감정은 철저히 숨긴 채 끝까지 미소로 서비스를 제공해야 한다. 승객 응대에서 오는 감정노동 역시 개인에 따라 스트레스의 요인이 될 수도 있는 것이다.

매번 변화하는 비행 스케줄은 자유롭게 시간을 쓸 수 있다는 장점이 되는 반면, 계획적이고 규칙적인 일상을 꾸려나갈 수 없다는 단점이 되기도 한다. 또한 한 달에 몇 번씩 시간대가 다른 나라를 다녀야 하는 객실 승무원은 시차적응으로 고생하기도 한다.

© roman ring

객실 승무원에 대한 오해와 거짓

1. 승무원은 예뻐야만 된다?

결론부터 말하면 아니다. 객실 승무원이 기내에서 승객 안전과 서비스 업무를 담당하기 때문에 친절한 인상과 깔끔한 용모를 중시하는 것은 맞지만 무조건 예뻐야 하는 것은 아니다. 에어부산의 경우 2014년 공개 채용 시 온라인 서류 접수 때 증명사진을 등록하는 항목을 없애기도 했다. 승무원은 비행 중 긴급 상황이 발생하면 기내에서 승객의 안전을 책임지는 안전요원의 성격이 강하다. 따라서 각 항공사들도 서비스 훈련보다는 안전 훈련에 더욱 중점을 두고 있으며, 외모보다는 안전요원으로서의 자격과 능력을 우선시하고 있다. 승무원은 예쁘면 된다는 편견은 아마도 그들이 항상 친절한 인상으로 밝게 웃으며 승객을 대하기 때문일지도 모른다. 웃는 얼굴이 예쁘지 않은 사람은 없으니깐.

2. 승무원은 탈모에 잘 걸린다?

항공기가 높은 고도에 올라가도 기내의 환경은 지상과 비슷하다. 그럼에도 지상보다 낮은 기내의 기압으로 인해 모공이 열려 머리가 빠진다는 소문이 있다. 당연히 기내가 근무지인 객실 승무원의 경우 탈모를 겪을 확률이 높다고 보는 것이다. 하지만 이는 사실과 다르다. 장시간 낮은 기압에 노출되면 신체가 붓고 모공이 넓어진다는 이야기가 있다. 하지만 기내 환경은 모공이 넓어질 정도로 기압이 내려가지 않으며, 이 자체만으로는 탈모가 될 수 없다. 모공이 열린 상태에서 박박 문지르며 머리를 감을 경우 사람에 따라 머리가 평소보다 많이 빠질 수는 있지만 이 역시 개인차가 크며, 탈모로 이어지기엔 다소 무리가 있다. 또한 모공이 열릴 정도의 기압이라면 일상생활 자체가 어렵다. 따라서 이는 거짓이다.

3. 불임률이 높다?

이 역시 기내의 기압 변화로 인해 생긴 오해이다. 비행기가 이착륙할 때 기압은 변화한다. 이러한 압력차이로 인해 자궁이 내려앉을 수 있다는 것인데, 이는 의학적 근거가 없는 속설일 뿐이다. 불임률은 승무원이기 때문이 아니라 환경적 요인으로 인해 전체적으로 늘어나는 추세다.

4. 승무원은 키가 커야 한다?

보통 국내 항공사의 경우 기내에서 좌석 위 수하물을 올리거나 내릴 때 수월하게 하기 위해 신장 제한을 하

고 있다. 하지만 실제로 항공사에서 제시한 제한 기준은 162㎝로, 우리가 흔히 생각하는 아주 큰 키는 아니다. 더군다나 실제 승무원 합격자 중에서는 160㎝가 안 되는 경우도 있다. 특히 외국 항공사의 경우 키 제한이 없거나 160㎝가 안 되는 곳도 많다. 더 기쁜 소식은 최근 대한항공이 162㎝이던 키 제한을 없앤 것이다. 이스타항공 역시 보다 많은 사람에게 기회를 제공하기 위해 키 제한 등 채용 기준을 재검토하고 있다. 따라서 승무원이 되기 위해서는 무조건 키가 커야 하는 것은 아니다.

5. 나이제한이 있다?

객실 승무원 채용 시 나이제한은 없다. 나이제한이 있다는 인식은 합격자 중 20대 초중반이 많은 수를 차지하기 때문이다. 하지만 중요한 것은 20대 후반부터 30살까지도 합격 사례가 꾸준히 나오고 있다는 것이다. 물론 경력직이 아닌 이상 30살이 넘는 경우는 드물다.

6. 객실 승무원은 주름이 많이 생긴다?

건조한 기내 환경으로 인한 오해다. 비행기를 타면 건조한 대기로 인해 피부가 쉽게 지치게 된다. 이에 기내에서 주로 생활하는 객실 승무원은 주름이 많이 생길

것이란 추측이 만들어 낸 오해다. 물론 기내의 건조한 대기가 피부 노화의 원인 중 하나로 꼽힐 수는 있지만 객실 승무원들은 그만큼 피부 보습에 신경을 쓴다. 실제로 시중에 판매되고 있는 화장품이나 마스크 팩 중에는 '승무원이 추천한', '승무원이 사용하는'이라는 말이 붙은 제품들이 있기도 하다. 하지만 피부노화와 주름의 주원인은 자외선이다. 이에 객실 승무원이 특히 주름이 많이 생긴다는 건 오해다.

7. 저비용항공사의 객실 서비스의 수준은 떨어진다?

저비용항공사의 경우 비용을 최소화하기 위해 기내서비스를 최소화하는 것은 맞지만 승객에 대한 서비스를 최소화하는 것은 아니다. 오히려 저비용항공에 대한 이러한 인식을 없애기 위해 더 많은 연구와 교육, 훈련 등을 통해 서비스의 질 향상에 힘쓰고 있다.

10 국내·외 항공사의 차이

국내 항공사의 경우 팀 단위의 질서 속에서 규율과 지시를 중요시하며 투철한 서비스 정신을 강조한다. 객실 승무원은 승객의 편의를 위해 서비스를 제공하는 것은 물론 안전을 보장해야 하는 직업이기 때문이다.

국내 항공사와 외국 항공사는 국적이 어디냐, 객실 승무원의 기본 근무지를 어디에 두고 있느냐 등에 따라 다르다. 국내 항공사의 객실 승무원의 기본 근무지는 당연히 한국이다. 반면 외국 항공사의 경우 주로 그 항공사의 본사가 위치한 나라와 도시가 객실 승무원의 기본 근무지가 된다. 예를 들어, 델타항공의 경우 본사가 있는 미국 조지아 주 애틀랜타를, 싱가포르항공의 경우 싱가포르를, 카타르항공의 경우 카타르 도하를 기본 근무지로 삼고 객실 승무원은 비행을 하게 된다. 하지만 일본의 ANC항공, 필리핀의 필리핀항공, 중국의 동방항공과 남방항공, 에어차이나, 핀란드의 핀에어, 네덜란드의 KLM항공 등만 예외로 한국 서울에 거주한다. 이에 최근에는 외국 항공사로의 취업을 희망하는 사람이 늘어나고 있는 추세다.

인재상과 조직문화

국내외 항공사는 인재상이나 객실 승무원의 근무환경 및 객실 서비스에서 차이를 보인다. 국내외 항공사가 선호하는 객실 승무원의 인재상은 어떻게 될까.

해외 항공사의 경우 외모나 이미지에 대한 기준이 국내 항공사보다 까다롭지 않다. 단정하고 깔끔한 용모, 단아한 이미지를 선호하는 국내 항공사와 달리 외국 항공사는 상대에게 호감을 줄 수 있는 이미지를 선호하되 각자의 개성을 존중하는 편이다. 항공사 면접에서도 이러한 차이가 극명하게 드러난다. 국내 항공사에 지원하는 예비 객실 승무원의 경우 검은색 치마정장이 대다수며, 메이크업 역시 핑크계열의 따뜻하고 여성스러운 이미지를 강조한다. 머리 스타일의 경우 대부분의 여성이 이마를 드러내고 그물망으로 뒷머리를 묶는 올림머리를 선호하며, 남성의 경우 단정한 짧은 머리 스타일로 면접을 보러 온다. 이에 반해 외국 항공사의 경우 면접 시에도 각자의 개성을 살린 자유분방한 모습을 선호한다. 화려한 원색 의상이나 진한 메이크업 역시 가능하다. 이러한 자유분방한 모습은 머리 스타일에서도 드러난다. 염색을 하거나 파마를 하는 등 자신에게 어울리는 스타일을 자유롭게 스타일하는 편이다.

인재상에서도 차이가 난다. 국내 항공사가 공동체 의식과 협동심이 강하고 팀 내에 조화를 이룰 수 있는 사람을 선호하는 반면 외국 항공사의 경우 자기주장을 펼치고 적극적인 사람을 좋아한다. 이에 예비 객실 승무원은 자신의 스타일과 성향에 맞춰 국내외 항공사를 골라 지원하면 된다.

129

국내외 항공사의 차이는 채용과정에서도 드러난다. 객실 승무원이 되기 위해서는 기본적으로 1~2번의 면접을 거쳐야 하는데, 외국 항공사의 경우 모든 면접을 영어로 진행한다. 국내 항공사의 경우 기본적인 공인시험성적과 객실 서비스가 가능한 정도의 일상 회화 정도의 수준을 요구하는 데 반해, 외국 항공사의 경우 모든 대화가 영어 등 외국어로 이루어지기 때문에 외국어 능력에 대한 비중이 높을 수밖에 없다. 따라서 외국 항공사에 지원하고자 할 때는 업무수행은 물론 동료와의 의사소통에 문제가 없을 정도의 외국어 수준을 갖춰야 한다.

국내외 항공사는 조직문화에서도 차이를 보인다. 국내 항공사의 경우 사무장을 중심으로 팀 단위로 구성되어 객실 서비스를 제공한다. 하지만 외국 항공사의 경우 개인 단위로 서비스를 이뤄진다는 점이 다르다. 특히 국내 항공사의 경우 외국 항공사보다 위계질서가 더 강하다. 위계질서가 무너지면 승객의 안전에도 피해가 갈 수 있다는 것이 국내 항공사의 전반적인 인식이다. 따라서 국내 항공사의 경우

팀 단위의 질서 속에서 규율과 지시를 중요시하며 투철한 서비스 정신을 강조한다. 객실 승무원은 승객의 편의를 위해 서비스를 제공하는 것은 물론 안전을 보장해야 하는 직업이기 때문이다. 이에 과거 여성 승무원 간에 사용했던 '언니'라는 호칭 대신 '선배'라는 호칭을 사용하도록 하고 있다.

반면 외국 항공사의 경우 직책에 따른 상하관계는 분명 존재하지만 문화적 특성으로 인해 분위기가 좀 더 자유롭다. 외국 항공사는 사무장, 기장, 승무원 할 것 없이 모두가 친구처럼 서로의 문화와 생각을 공유하며 일한다. 하지만 가족과 친구, 삶의 토대를 떠나 외국에서 생활해야한다는 점에서 외국 항공사로 취업한 객실 승무원의 경우 외로움을 호소하는 경우도 있다.

특색 있는 객실 서비스 비교

항공관광 산업의 발전과 서비스 품질의 향상으로 국내 항공사와 외국 항공사 간 서비스 수준에서의 차이는 크게 없다. 국내외 항공사 모두 다양한 항공상품과 어린이나 노약자를 위한 프로그램, 기내식 음료의 다양함, 기내 영화 및 음악 프로그램 등을 통해 최상의 객실 서비스를 제공하고 있다. 하지만 각 항공사는 다른 항공사와의 차별화를 위해 기본 서비스 외에 특색 있는 서비스를 제공하며 경쟁력을 갖춰나가고 있다.

국내의 아시아나항공은 생일, 결혼기념일, 특별한 기념일 등을 위한 매직서비스를 제공한다. 기념일을 맞은 승객에게 축하 서비스와 기념 촬영을 해주는 것이다. 또 와인을 좋아하는 승객을 위해 소믈리에 (Sommelier) 객실 승무원이 와인을 직접 서비스하기도 한다. 페이스 페인팅과 캐리커처 서비스도 제공된다. 객실 승무원으로 이루어진 일러스트 팀이 직접 승객의 캐리커처를 그려주는 것이다. 이외에도 장거리 비행으로 인해 지친 피부를 위한 수분 마스크 팩과 도착하기 전 메이크업 서비스도 마련되어 있다.

대한항공의 경우 2세 미만의 유아와 함께 항공기를 이용할 경우 유모차와 유아용 카시트, 유아 운반용 바구니 중 1개를 무료로 제공하고 있으며, 국제선 이용 승객은 10kg 미만의 수하물을 추가로 부칠 수 있도록 하고 있다. 대한항공의 경우 국제 기내식협회 연차총회에서 머큐리상 기내 서비스 부문

최우수상을 수상한 '플라잉맘' 서비스도 눈에 띈다. 나 홀로 항공여행을 하는 비동반소아 승객과 보호자를 위해 담당 승무원이 엄마처럼 어린이 승객의 식음료 섭취 내역, 수면, 휴식, 기분, 건강상태 등 기내 생활 전반을 세심하게 보살핀 후 편지를 작성하여 도착지의 부모에게 전달하는 것이다. 또한 다양한 어린이들이 좋아하는 음식은 물론 기내에서 지루하지 않도록 주문형 오디오비디오프로그램을 구비하고 있다. 수십 편의 최신 어린이용 영화를 비롯해 한국 및 세계 동요앨범 등으로 즐거움을 준다.

제주항공은 이륙 후 알록달록한 머리띠와 각종 인형 모자를 쓰고, 슈퍼맨 등을 코스프레한 객실 승무원들과 함께 가위 바위 보를 해서 이긴 최후의 1인에게 선물을 주고 함께 사진을 찍는 등 다양한 프로그램을 제공한다. 아이들에게는 즉석에서 풍선인형 만들어주기 등 각종 이벤트를 선보이기도 한다. 친절하지만 친근하지 않았던 객실 승무원들이 다양한 서비스를 통해 승객과의 거리를 좁히고 있는 것이다.

이스타항공은 탑승객의 사연을 라디오처럼 기내방송으로 들려주며, 기내 프러포즈 신청 서비스도 제공한다. 진에어는 소형 게임기를 빌려주고, 오랜 비행시간으로 굳어버린 몸을 풀고 개운하게 여행을 즐길 수 있도록 스트레칭 시간이 주어진다. 에어부산은 하트인사로 차별화를 두며, 전 노선 기내에서는 독서 및

입국서류 작성 시 요청하는 승객에 한해 돋보기안경을 제공하고
있다. 또한 기내에서 모유수유를 하고자 하는 여성 승객을 배려해
수유가리개를 제공하며, 승객의 즐거운 비행을 위해 네일케어, 손
마사지 등 미용 서비스와 핸드드립 커피를 제공하고 있다.
티웨이항공은 생일이나 발렌타인데이, 크리스마스 등 특별한 날
기내 이벤트를 진행한다.

　외국 항공사들 역시 자신들만의 특별한 기내 서비스를
제공하고 있다. 아랍에미레이트 국영항공사인 에티하드항공은
특급호텔을 항공기에 그대로 옮긴 듯한 수준 높은 서비스를
선보이고 있다. 에티하드항공의 '퍼스트 클래스 서비스'는 환영
인사를 담은 편지를 시작으로 품격 있는 식사 및 정리정돈과
잠자리를 돌봐주는 턴다운 서비스까지 해준다.

　홍콩의 캐세이퍼시픽 항공은 유아를 위해 고기 또는 채소
음식과 유아용 디저트와 주스를 제공한다. 임산부를 위해 지방과
기름, 설탕 등을 줄이고 식이섬유와 신선한 생과일로 구성된
식단도 제공한다. 독일의 루프트한자는 장거리 항공편에 유아용
간이침대를 준비해 아이가 편히 쉴 수 있도록 하고 있다. 또

색연필과 함께 색칠공부, 퍼즐, 카드게임과 암기게임 등을
제공함으로써 어린이 승객이 장거리 비행 시 지루하지 않도록
하고 있다.

싱가포르항공은 기내에 특별한 엔터테인먼트가 준비돼 있다.
120여개의 쌍방향 게임은 물론, 3D게임과 닌텐도 게임보이
어드밴스의 게임을 기내에서 제공한다. 소시지와 팬케이크,
오믈렛으로 덮은 볶음밥 등 아이를 위한 메뉴가 다양하다.

Part Three

Get a Job

01 객실 승무원이 갖추어야 할 조건

객실 승무원이 되기 위해 반드시 가져야 하는 자질은 없다. 하지만 승객의 안전과 편의를 도모해야 하는 직업이기에 다른 직업에 비해 좀 더 필요로 하는 요건은 존재한다.

강인한 체력

승무원이 되고 싶다면 얼굴보다도 체력을 가꾸라는 말이 있다. 이 말에는 두 가지의 의미가 내포되고 있는데, 하나는 외모가 절대적인 조건은 아니라는 것과 다른 하나는 체력이 그만큼 중요하다는 것이다. 그 이유는 무엇일까.

객실 승무원은 장시간의 비행근무와 지역 간의 시차, 그리고 다양한 생활환경에 매우 자주 노출된다. 비행 일정에 따라 그때그때 변화하는 근무 시간으로 계획적인 생활은 불가능하다. 하루는 낮 비행을 할 수도 있고,

하루는 밤 비행을 할 수도 있는 게 객실 승무원의 삶이다. 국제선 승무원에게 10시간이 넘는 비행은 다반사다. 물론 교대로 휴식시간을 갖기도 하지만 많은 시간을 서서 근무해야 한다. 비행 때마다 겪어야 하는 시차 역시 문제다. 비행시간이 길수록 시차적응도 힘들다. 그만큼 체력이 받쳐주지 않으면 힘들 수밖에 없다는 말이다.

기내 서비스 과정을 살펴보면 체력이 왜 중요한 지 더 잘 알 수 있다. 앞에서 언급한대로 객실 승무원은 많은 시간 서서 일한다. 거기다

승객을 대신해 무거운 수하물을 옮겨주는 가하면 기내 식음료를
서비스하고, 기내용품을 정리하고 서비스하는 등 체력을
소모해야 하는 일이 많다. 특히 비행 중 예고치 못한 사고나
위기상황에 직면했을 때 마지막까지 승객의 안전을 도모하고,
승객을 탈출시키는 것이 승무원의 역할이다. 그런데 승무원이
체력적으로 준비가 되어 있지 않다면, 과연 승객의 안전을 지킬
수 있을까? 이에 항공사들은 승무원 채용 시 신체검사와
체력테스트를 통해 건강하고 강인한 몸과 체력을 점검하고 있다.
채용절차의 마지막 관문으로 신체검사와 체력테스트를 실시하고
있는 것이다. 대부분의 항공사는 기본적으로 신장, 체중, 키,
암리치(arm reach), 시력 등을 측정하며, 악력·유연성·근력 등을
측정하기 위해 체력테스트를 실시한다. 항공사에서 실시하는
체력테스트는 하나의 통과의례가 아니다. 서류전형과 면접에서
합격해도 체력테스트에서 탈락하게 되면 합격하지 못할 만큼
중요한 요소다. 체력테스트의 내용은 눈 감고 외발서기, 민첩성
테스트, 유연성 테스트, 심폐 능력을 테스트하는 자전거 타기,
제자리높이뛰기, 윗몸일으키기, 악력 테스트 등 여러 종목이
있으며, 이는 항공사별로 조금씩 차이가 있다.

암 리치(Arm Reach)

발뒤꿈치를 들고 한쪽 팔
을 위로 쭉 뻗었을 때 나오
는 최대의 길이를 말한다.
키에 제한을 두지 않는 항
공사에서는 대부분 암 리
치를 보고 합격 여부를 결
정한다. 기내 선반에 손이
닿는지, 안 닿는지 보기 위
해서이다. 암 리치는 요가
나 스트레칭 등 유연성 훈
련을 통해 늘어날 수 있다.

자전거 타기 : 심폐지구력, 즉 심박수를 체크하기 위한 테스트다. 5km의 거리를 시속 50km에 맞춰 사이클을 타며 심장 박동수가 140이 되기 전까지 몇 분이나 탈 수 있는지를 알아보는 검사로, 근력을 알아보기 위해 실시한다.

윗몸일으키기(복근력 테스트) : 평지나 30도 정도 경사진 곳에 누워 윗몸 일으키기를 한다. 손을 반드시 머리 뒷부분에 고정하거나 가슴에 크로스하여 붙인 상태의 정자세를 취해야 하며, 30초 동안 15개 이상하면 통과이고, 20개 이상이면 훌륭한 편이다. 윗몸일으키기는 근력 및 근지구력을 보기 위해 실시한다.

악력(쥐는 힘) : 손의 쥐는 힘을 측정하는 것으로, 한 손으로 기계를 잡고 손을 꽉 쥐는 느낌으로 최대한 힘을 주어 측정한다. 악력 테스트는 지하철 손잡이처럼 생긴 기계를 손으로 쥐어 힘을 가하며 오른손과 왼손을 모두 측정하게 된다. 악력은 근력 측정 항목 중 하나로, 손목과 손가락을 이용해 무거운 것을 들거나 안전사고 발생 시 승객의 손을 잡고 안전하게 대피시키거나 보호할 수 있도록 하기 위해 테스트한다.

눈 감고 외발 서기 : 한발로 눈을 감고 서서 얼마나 중심을 잘 잡을 수 있는지를 측정한다. 몸이 흔들리는 것은 괜찮지만 발이 땅에 떨어져서는 안 된다. 이는 평형성을 보기 위한 테스트로, 흔들리는 기내에서 균형감각을 가지고 걸을 수 있는지를 판단하기 위해서 실시한다.

제자리높이뛰기 : 무릎을 편 채로 점프하여 체공시간을 측정하여 얼마나 높이 뛸 수 있는지를 측정한다.

허리 굽히기(유연성) : 무릎을 펴고 앉거나 40cm 높이 정도의 탁자 위에 신발을 벗고 올라가 양손을 모은 상태로 몸을 굽혀 손끝이 내려간 거리를 측정한다. 유연성이 좋으면 업무 수행 중 혹시라도 발생하게 되는 부상을 최소화할 수 있다.

수영 : 항공기가 해상에 떨어졌을 때 승객구조 능력과 체력을 평가하기 위한 것으로, 본인이 원하는 영법으로 35초 안에 25m을

가면 통과다. 항공사에 따라 30m을 수영할 수 있어야 하기도 한다. 어떠한 영법이라도 가능하며, 심지어 개헤엄도 가능할 정도로 자유를 둔다. 하지만 배영은 제외된다. 수영 테스트는 비상착륙 훈련 및 물 공포 테스트가 주 목적이며, 수영 테스트에서 합격하지 못한 사람은 절대로 비행근무에 임할 수 없으며 외국 항공사의 경우 수영 테스트를 매우 중요하게 여기고 까다롭게 평가하고 있다.

배근력 : 배근력은 등에 있는 모든 근육이 함께 작용하여 발휘되는 종합적인 근육력을 측정하는 것이다. 배근력은 철사줄을 잡아당길 때 나오는 힘으로 측정된다.

민첩성 : '삐' 소리에 빠르게 반응하는 테스트로, 소리가 나면 발을 최대한 빠르게 들었다 놔야 한다. 민첩성 테스트는 위급상황이나 구조시 얼마나 빠르게 대응할 수 있는지를 보는 테스트다.

점프력 : 뛰어올라 땅에서 떨어져 있는 시간을 측정한다. 뛰어 오르는 자세는 자유다.

어학 능력

　객실 승무원에게 필요한 학습 능력 중 가장 중요한 것은 바로
어학이다. 많은 사람이 객실 승무원을 준비하며 고민하는 부분
역시 어학 실력이다. 객실 승무원은 여러 나라를 다니는 것은
물론 다양한 인종의 승객을 대면해야 한다. 따라서 어학 중에서도
영어는 필수며, 이는 승객 서비스에 지장을 주지 않는 수준이면
된다. 따라서 대부분의 항공사는 객실 승무원 채용 시 일정 점수
이상의 공인영어시험 성적을 요구하고 있으며, 일부
항공사에서는 영어 면접을 시행하고 있다. 특히 국제선 객실
승무원의 경우 TOEIC 성적을 소지한 경우에 한해 지원이
가능하다. 그 외 소지한 외국어 자격사항은 지원서 작성 시
'외국어자격'에 추가로 자격사항을 쓰면 된다.

　하지만 겁먹을 필요는 없다. 국내 항공사에서 요구하는 최소
어학기준은 토익 550점 이상이다. 물론 실제 객실 승무원
합격생의 평균 토익점수는 650~700점대이지만, 평준점수일 뿐
실제 합격생들 중에는 550점만 되도 합격하고 있다. 토익점수로
인한 실제 근무 시 불이익은 전혀 없다. 어학성적표가 필요 없는
항공사도 있다. 다만 영어구술시험을 보는 경우에는 어학
성적표와 상관없이 간단한 의사소통을 할 수 있는 회화실력은
갖추어야 한다.

　최종 면접 시 진행되는 영어 구사능력 테스트에서는 기초적인
생활영어 수준을 본다. 원어민과의 인터뷰로 진행되는 영어
구사능력 테스트에서는 회화능력은 물론 상대방의 이야기를
이해하려는 의지도 평가의 대상이다. 따라서 객실 승무원 채용
준비 시에는 영어점수 보다는 간단한 의사소통이 가능하도록
대비하며, 자신의 생각을 어떻게 하면 더 잘 전달할 수 있는지를
고민하여 자신감을 가지고 면접에 임할 수 있도록 준비하는 것이
좋다.

　외국 항공사의 경우 점수보다 면접에서의 테스트가 더
중요하다. 운항에 관련된 업무와 정보전달, 비상사태 발생 시

원활한 통제까지 정확한 의사전달을 위해 수준 높은 회화실력을
요구한다. 외국 항공사에서는 개인면접과 사진 묘사, 그룹 토의
등의 방식으로 회화실력을 평가하며, 토의 과정에서 얼마나 다른
지원자의 이야기에 귀를 기울이는 지, 자신의 생각을 얼마나
자유자재로 구술할 수 있는지를 평가한다.

한편, 대부분의 항공사가 특정 국가에 기반을 두는 국적
항공사이며 국제선을 보유하고 있다. 이에 노선별 또는 국가별로
필요한 제2외국어 능력을 보유하고 있을 경우 선발시 유리하며
일본어, 중국어 등을 구사할 수 있는 사람을 우대하고 있기도
하다.

객실 승무원 중에서도 국제선과 외국 항공사에서 근무하길
희망하는 사람에게 어학 실력은 필수다. 내국인은 물론 외국인을
상대로 서비스해야 하므로 다른 직업에 비해 외국어 능력이
절실히 요구되며 동시에 지속적인 외국어 능력 향상 의지도 매우
중요하다. 하지만 일정점수 이상만 되면 시험 성적보다는
실전에서 실력을 발휘할 수 있는 회화가 중요하다. 객실 서비스
과정에서의 원활한 의사전달과 승객과의 소통을 위해 평소에
꾸준히 회화 연습을 해두는 것이 필요하다.

한편 객실 승무원의 지원자격 중 학력 제한을 우려하는 사람도
많다. 객실 승무원은 다른 직종에 비해 학력 차별이 거의 없는
편이다. 기본적으로 객실 승무원 지원자격 중 학력은 최종학력
2년제 대학교 이상 졸업자 또는 졸업예정자다. 고졸로 지원
가능한 항공사는 에미레이트, 카타르, 핀에어 항공사이며,
대부분이 2년제, 4년제는 싱가포르항공, 타이항공이 있다.

이미지 메이킹

승객이 설레는 마음으로 항공기에 탑승했을 때 처음으로
마주하는 사람이 바로 객실 승무원이다. 그들은 단정한 차림에
단아한 얼굴, 밝은 미소, 바른 자세로 승객을 맞이한다. 바라보는
것만으로도 상대를 기분 좋게 하는 매력을 가진 사람이 바로 객실
승무원이다.

객실 승무원은 승객이 항공기에 탑승할 때부터 하기할 때까지
기내 서비스를 제공하며 승객과 직접 대면한다. 그러므로 승객은
객실 승무원을 통해 해당 항공사에 대한 이미지를 인식하게 되고,
서비스를 평가하게 된다. 이에 객실 승무원은 자신의 행동과
자세, 복장과 이미지를 관리하는 데 적지 않은 시간과 노력을
기울이고 있다. 그렇다면 객실 승무원이 갖춰야 할 이미지는 어떤

것일까? 단지 외모적으로 아름답기만 하면 될까?

객실 승무원은 항상 미소 띤 얼굴로 승객들을 대해야 한다. 서비스직인 객실 승무원은 개인의 감정을 얼굴에 드러내서는 안 되며, 밝고 자연스러운 표정, 호감을 주는 미소로 승객을 대해야 한다. 왜냐면 미소만으로도 상대를 기분 좋게 할 수 있기 때문이다. 따라서 밝은 미소를 유지하기 위해 깨끗한 치아를 위해 힘쓰며, 담배나 커피 등에 의한 착색이 심한 경우에는 치아 미백관리를 통해 깨끗한 치아를 유지해야 한다. 치아 교정을 위한 보철을 하고 근무하는 것은 원칙적으로 금지된다. 이와 더불어 객실 승무원은 미소가 최상의 서비스임을 인식하고 늘 미소 짓는 연습을 해야 한다.

늘 승객을 상대해야 하는 객실 승무원에게 메이크업(Make-up)은 하나의 매너이자 필수다. 따라서 너무 짙은 화장보다는 상대에게 편안함을 줄 수 있는 따뜻한 색상이 좋으며, 색조화장의 경우 여러 색을 쓰기보다는 자신에게 맞는 색상을 최소한으로 사용해 깨끗한 이미지를 줄 수 있도록 해야 한다. 특히 각 항공사의 유니폼과 잘 어울리는 화장품 색상을 골라 전체적으로 조화를 이룰 수 있도록 하며, 건강미와 자연스러운 이미지를 연출하는 것이 중요하다. 남성 객실 승무원의 경우 비행 전 반드시 면도를 해야 하며, 코털이 밖으로 나오지 않도록 주의해야 한다.

깨끗하고 단정한 모습을 유지하는 것도 중요하다. 객실 승무원은 머리를 청결한 상태로 유지하며, 흘러내리지 않도록 해야 한다. 항공사별로 머리 모양이나 장신구 등 머리 스타일에 대한 규정이 정해져 있다. 유행하는 스타일이나 자신의 개성을 살리는 스타일은 할 수 없으며, 앞머리가 눈을 가리는 스타일 역시 금지된다. 머리색은 검정 또는 짙은 갈색을 선호하며 과다한 염색이나 탈색, 부분염색은 할 수 없다.

대부분의 항공사는 짧은 머리형, 단발 머리형, 긴 머리형의 세

가지 스타일 중 자신에게 맞는 스타일을 선택하도록 하고 있다. 여성 객실 승무원의 경우 긴 머리형이 많다. 긴 머리형은 반드시 묶거나 땋고 그물망을 이용해 고정시켜야 하며, 가발이나 염색, 장식이 있는 핀 등은 할 수 없다. 헤어스프레이나 젤 같은 헤어제품 역시 사용할 수 없거나 과용해서는 안 된다. 남성 객실 승무원의 경우 짧고 단정한 스타일을 유지해야 한다. 여성 객실 승무원과 마찬가지로 앞머리가 이마를 덮어 눈까지 내려와서는 안 되며, 뒷머리는 셔츠 깃에 닿지 않아야 한다. 옆머리 역시 귀를 덮지 않도록 주의해야 하며, 구레나룻이 있어서도 안 된다.

기내서비스 시 승객은 객실 승무원의 미소와 자세에 이어 손을 많이 보게 된다. 안정장비 착용 시범이나 기내식음료 서비스 시 승객의 시선은 승무원의 손에 머물게 된다. 이에 객실 승무원은 항상 손과 손톱 관리에도 신경 써야 한다. 손톱의 길이는 너무 짧거나 길어서도 안 되며, 엷은 색의 매니큐어로 잘 정돈되어 있어야 한다.

객실 승무원의 복장은 유니폼만이 가능하다. 그렇다고 해서 유니폼을 그저 입는 것으로 이미지 메이킹이 끝나는 것은 아니다. 유니폼에 구김이 없도록 비행 전 꼭 체크해야 하며, 여성 객실 승무원의 경우 스커트의 길이를 너무 짧게 입어서도 안 된다. 단추가 떨어지거나 실밥이 나온 곳은 없는지 점검하고, 스타킹에 올이 나가지는 않았는지, 지정된 색상의 스타킹을 신었는지도 확인해야 한다. 구두는 청결함과 광택을 유지하고, 향수는 반드시 사용하되 자신의 체취와 잘 어울리는 향수를 선택하여 기내 서비스 시 승객에게 불편을 주지 않는 선에서 은은한 향을 일정하게 지속시키도록 해야 한다.

액세서리는 작고 심플한 것으로 하고, 남성 객실 승무원의 경우 넥타이핀과 벨트는 항공사에서 지급되는 것을 사용해야 한다.

객실 승무원은 그 자체로 항공사의 이미지다. 승객은 기내에서 이뤄지는 모든 과정을 통해 그 항공사의 이미지와 서비스를 평가한다. 객실 승무원이 늘 정돈되고 단정하게 자신을 관리해야 하는 이유이다. 따라서 객실 승무원은 승객에게 좋은 인상을 주기 위해 용모는 물론 태도와 표정, 옷차림 걸음걸이 등 모든 것에 신경을 쓰고 좋은 이미지를 가질 수 있도록 관리해야 한다.

마인드

객실 승무원이 되기 위해 반드시 가져야 하는 적성이나 정신적 요소는 없다. 하지만 승객의 안전과 편의를 도모해야 하는 직업이기에 다른 직업에 비해 좀 더 필요로 하는 요건은 존재한다. 그것은 바로 첫째 서비스 정신, 둘째 철저한 안전의식, 셋째 협동심, 넷째 적극성이다.

첫째 서비스 정신은 승객 서비스와 연관된다. 객실 승무원은 수많은 사람을 한정된 공간에서 상대해야 한다. 때로는 특별한 서비스를 제공해야 하는 사람이 있는 가하면, 객실 서비스에 불만을 표출하는 승객도 있다. 객실 승무원은 다양한 종류의 사람들에게 늘 상냥하고 친절한 자세로 승객을 대해야 한다. 불만을 표출하는 승객에게도 밝은 미소로 일관된 모습을 보여야 하는 것이 객실 승무원의 의무이며 임무다. 서비스를 하는 사람으로서의 직업의식이 굉장히 중요한 것이다. 따라서

긍정적이고 자신의 감정을 억제할 수 있는 인내심과 임기응변력을 가져야 하며, 사람을 좋아하고 봉사와 희생정신이 있는, 투철한 사명감과 서비스 정신을 가진 사람이라면 객실 승무원의 역할을 잘 감당할 수 있을 것이다.

둘째 철저한 안전의식이다. 객실 승무원의 역할은 승객 서비스뿐만이 아니다. 그것보다 더 우선적으로 기내 안전 요원이 객실 승무원의 첫 번째 역할이다. 항공기라는 특수한 환경에서 인명과 재산에 대한 안전은 다른 어떠한 서비스보다도 중요하다. 따라서 꺼진 불도 다시 보고, 돌다리도 두드리고 건너는 철저한 안전의식을 갖춰야만 한다.

셋째 협동심은 객실 승무원의 근무 형태와 관련이 있다. 객실 승무원은 독립된 개인이 아닌 한 팀을 이뤄 기내 서비스를 제공한다. 객실 승무원은 팀 내에서 각자의 역할을

승객 응대 자세

객실 승무원은 늘 밝은 미소와 친절한 태도, 예의 바른 행동으로 승객을 대하고 있다.

승객이 항공기에 탑승하면 객실 승무원은 입구에서 환영인사를 전한다. 승객에게 인사를 할 때는 어깨와 팔에 힘을 빼고 팔꿈치가 들리지 않게 바른 자세로 곧게 서 상대방과 시선을 맞추는 것이 우선이다. 그 이후 등과 목을 펴고 허리부터 숙이며 머리와 등, 허리선이 일직선이 되도록 인사하는 것이 원칙이다. 신발 앞코는 15도 정도 살짝 벌어지도록 서서 무릎이 벌어지지 않도록 주의하며 인사해야 한다. 물론 인사를 위해 허리를 숙인 상태에서도 미소는 잃지 않아야 한다.

인사를 할 때 손 위치는 여성 객실 승무원의 경우 오른손이 위로 가도록 하여 양손을 모아 잡고 오른손 엄지를 왼손 엄지와 인지 사이에 끼워 아랫배에 가볍게 된다. 그리고 남성 객실 승무원의 경우 정자세로 손을 가볍게 쥔 뒤 바지 재봉선에 맞춰 차렷 자세를 유지한다. 몸을 숙일 때에도 손의 위치가 바지 재봉선에서 떨어지지 않도록 주의해야 한다.

객실 승무원은 기내 통로를 걸을 때에도 반듯한 자세를 취해야 한다. 가슴을 펴고 등을 곧게 편 상태로 11자 걸음걸이를 유지해야 한다. 또한 좁은 통로에서 승객과 마주 칠 때는 가볍게 머리를 숙여 인사하고 승객에게 피해가 가지 않도록 옆으로 살짝 피해 먼저 길을 양보해야 한다.

특별한 경우를 제외하고는 승객이 요구하기 전에 미리 승객의 요구를 파악하고 서비스하는 것을 원칙으로 하며, 승객으로 하여금 늘 관심 받고 있다는 생각을 줘야 하는 것이다.

서비스를 제공할 때에는 늘 승객의 입장에서 생각하고 개개인의 취향에 맞는 것을 최대한 제공할 수 있도록 해야 하며, 특별한 승객의 요구에도 최선을 다해 응하도록 해야 한다. 승객의 요구나 문의에 성실히 답변해야 하는 것은 기본 중에 기본이다.

분담하여 처리한다. 한 사람의 실수와 잘못은 팀 전체에 피해를 끼칠 수도 있고, 자칫 안전한 비행에 피해를 끼칠 수도 있다. 특히 비행 중 팀원 간의 협동이 얼마나 잘 되냐에 따라 일의 효율 역시 증가한다. 따라서 객실 승무원은 동료 간의 협동성과 팀워크가 굉장히 중요하기 때문에 여러 사람과 어울려 일할 수 있는 협동심이 강한 사람이 객실 승무원에 적합하다.

마지막 적극성 역시 객실 승무원이 가져야 할 자질 중 하나다. 외국 항공사의 경우 여러 자질 중에서도 적극성을 제일 중요하게 평가하기도 한다. 기내에서 벌어지는 어떠한 상황에서도 주저하지 않고 적극적으로 문제를 해결하려는 자세가 필요하기 때문이다. 기내 서비스를 제공할 때에도 승객이 요구하기 전에 승객의 필요를 감지하고 먼저 서비스를 제공하는 자세가 매우 중요하다. 적극적이고 능동적인 자세로 먼저 다가간다면 기내 서비스에 대한 승객 만족도는 더욱 높아질 것이다.

이렇듯 객실 승무원은 여러 사람이 다른 사람을 위해 일하는 직업이다. 소극적이고 개인주의적인 자세보다는 적극성, 협동심, 서비스 정신 등의 조건을 갖춘다면 객실 승무원으로 한 발짝 더 다가갈 수 있을 것이다.

객실 승무원이 되기 위해 대학에서 관련학과를 졸업하거나 사설 승무원 학원을 통해 취업 스킬을 배울 수 있다.

직업으로서의 객실 승무원이 각광받으면서 객실 승무원이 되는 방법을 찾아보는 사람이 많다. 객실 승무원이 되는 방법은 크게 세 가지다. 전공과 상관없이 항공사의 공개채용을 통해 입사하는 경우와 대학에서 관련학과를 졸업하고 채용되는 방법, 또 하나는 사설 승무원 학원을 통해 필요한 지식과 자격요건을 습득한 뒤 입사하는 방법이다.

객실 승무원은 전문직이지만 반드시 관련학과나 사설 승무원 학원을 나와야 하는 것은 아니다. 국내 항공사에 재직 중인 객실 승무원의 4년제 대학 이상 졸업자 수는 전체의 약 80%이며, 다양한 전공을 가지고 있다. 그럼에도 많은 수의 예비 객실 승무원들이 관련학과나 사설 승무원 학원의 문을 두드리는 이유는 이론과 함께 실습을 통한 실무 경험을 쌓을 수 있기 때문이다. 또한 각 항공사별 채용정보와 면접 노하우, 객실 승무원이 갖춰야 할 자세 등 취업을 위한 유용한 정보 역시 보다 쉽고 정확하게 획득할 수 있다는 특징을 가지고 있다.

학교교육

항공사마다 차이는 있지만 승무원이 되려면 전문대 졸업 이상의 학력을 갖춰야 한다. 전국을 기준으로 대학에는 40여개의 항공 승무원 관련 학과가 있다. 각 항공사는 객실 승무원 공개채용시 특정 대학이니 관련 학과에 얽매이지 않으나, 많은 대학이 학생들에게 보다 전문적인 지식을 가르치고 실무 경험을 통해 현장에 바로 투입될 수 있도록 하기 위해 객실 승무원 관련 학과를 개설하고 예비 객실 승무원을 양성하고 있다. 항공서비스과, 항공운항과, 항공비서과, 항공스튜어디스과 등이 객실 승무원 관련 학과들이다. 각 대학은 이들 학과의 학생 선발 시 수능성적이나 내신성적만을 고려하는 것이 아니라 오히려 면접성적에 비중을 크게 두고 있으며, 대학별로 조금씩 차이는 있지만 대부분 면접 비중이 입시전형에서 평균 50% 이상을 차지한다. 보통 학생부 50%+면접 50%로 이뤄진 곳이 많다. 따라서 면접에 체계적으로 대비해야 하는 것이 매우 중요하다.

객실 승무원 관련 학과는 실무능력을 중심으로 커리큘럼이 구성되어 있으며, 이론과 실습을 바탕으로 전문인을 양성하고 있다. 외국어와 객실 서비스 실무 수업은 물론 항공기 내 매너와 고객응대 실무 등 실전에서 꼭 필요한 부문들을 학교 현장에서 배울 수 있는 것이다. 특히 객실 승무원 관련 학과 전공자라면 누구나 2학년이 되면 1년간 인턴으로 항공사에서 일을 해볼 수 있다. 다음은 객실 승무원 관련학과 및 대학의 커리큘럼을 정리해 보았다.

대학명	학과명	커리큘럼
강동대학교	항공서비스과	조직행동론, 항공객실서비스업무론, 항공서비스영어, 인간관계론 등
경남정보대학교	항공관광과	항공업무론, 관광학원론, 고객응대실무 등
경복대학교	항공서비스과	객실승무관리, 기내일상안전관리, 승무원서비스마인드함양, 항공중국어
경북전문대학교	항공운항서비스과	비행안전업무론, 항공객실서비스실무론, 항공서비스영어, 서비스리더십
경운대학교	항공서비스학과	항공객실서비스업무론, 항공지상직업무론, 항공기구조 및 비행안전, 국제관광론

대학명	학과명	커리큘럼
경인여자대학교	항공관광과	기업 현장실습, 여행업개론, 토익리스닝, 원어민 영어회화 등
광주여자대학교	항공서비스학과	항공업무개론, 항공토익, 항공인터뷰, 서비스마케팅 등
극동대학교	항공운항서비스학과	세계문화비교론, 항공객실업무론, 기초항공영어, 산업체 현장실습, 항공인재관리론 등
대림대학교	항공서비스과	서비스영어, 항공마케팅, 비행중서비스 등
대원대학교	항공서비스과	항공객실서비스실무, 항공예약실무, 항공영어 등
동서울대학교	항공서비스과	한국문화사, 토익, 승무원메이크업, 고객심리와서비스사례실무 등
동신대학교	항공서비스학과	인성함양, 항공서비스영어, 면접기법, 문화산업경영론 등
동원대학교	항공서비스전공	항공객실서비스, 공항업무, 국제매너, 항공서비스 영어회화 등
동의과학대학교	항공서비스과	기내서비스실무, 항공안전실무 항공수영 등
동주대학교	항공운항과	관광서비스실무, 항공서비스 영어, 기내업무 등
두원공과대학교	항공서비스과	캐빈서비스업무론, 항공사업무론, 비서행정실무 등
백석대학교	항공서비스전공	항공객실업무론, 항공운송업무론, 서비스산업종합설계 등
부산여자대학교	항공운항과	항공산업의 이해, 고객심리, 공항업무론, 국제문화와 서비스매너 등
부천대학교	항공서비스과	항공객실업무, 객실서비스영어, 항공객실서비스 등
서영대학교	항공서비스학과	항공식음료실무, 항공운송의 이해, 항공사무자동화 등
서원대학교	항공서비스학과	항공객실업무론, 항공기구조 및 안전, 기내방송 등
세명대학교	항공서비스학과	항공서비스마케팅, 기내즉흥 상황극, 항공서비스갈등관리론 등
세한대학교	항공서비스학과	항공산업개론, 항공운항과안전, 항공서비스기업론 등
송원대학교	항공서비스학과	항공운송실무, 항공서비스마케팅, 항공방송실무 등
수원과학대학교	항공관광과	기내안전관리, 항공체육, 커뮤니케이션스킬, 항공운송실무 등

대학명	학과명	커리큘럼
신구대학교	항공서비스과	문화의 이해, 글로벌서비스매너, 항공객실서비스론 등
연성대학교	항공서비스과	서비스이미지메이킹, 서비스프레젠테이션스킬, 항공관광실무 등
영산대학교	항공서비스학과	항공관광프로젝트, 산업체현장실습, 고객행동론, 공항업무론 등
우석대학교	항공서비스학과	항공객실서비스, 공항업무, 국제매너, 항공서비스 영어회화 등
원광보건대학교	글로벌항공서비스과	항공객실업무론, 서비스예절실무, 고객서비스개론 등
위덕대학교	항공관광학과	항공시사영어, 항공운송론, 항공객실업무론 등
인천재능대학교	항공운항서비스과	항공기본영어, 항공예약실무, 객실승무관리 등
인하공업전문대학	항공운항과	서비스마인드, 항공객실일상안전관리, 국제문화이해, 인터뷰영어 등
장안대학교	항공관광학과	서비스매너, 영어회화, 항공안전 및 의무, 고객응대실무 등
제주관광대학교	항공서비스학과	관광학개론, 항공객실영어, 항공객실서비스, 항공안전 등
제주국제대학교	항공서비스경영학과	항공운송산업론, 비즈니스 커뮤니케이션, 항공객실스비스론 등
중부대학교	항공서비스학과	항공경영론, 항공기구조론 및 안전실습, 인간관계론, 항공일어 등
중원대학교	항공서비스학과	항공사업무론, 항공사서비스마케팅, 항공간호 및 실습 등
청운대학교	항공서비스경영학과	서비스경영론, 항공객실서비스실습, 서비스커뮤니케이션 등
초당대학교	항공서비스학과	항공업무개론, 고객행동론, 기내서비스실습, 항공예약실무 등
충청대학교	항공관광전공	해외문화체험여행, 기내안전관리, 항공객실서비스관리 등
한국관광대학교	항공서비스과	기내서비스실무, 관광영어회화, 항공서비스영어 등
한국교통대학교	항공서비스학과	서비스통계실무, 항공기본영어, 서비스품질경영, 국제매너 등
한국국제대학교	항공서비스학과	항공객실서비스실습, 항공기본영어, 항공산업개론 등
한국영상대학	항공서비스경영과	관광법규와 안내실무, 항공개발실무, 항공서비스 영어, 관광경제실습 등
한서대학교	항공관광학과	서비스마케팅론, 항공사실무실습, 항공관광, 서비스품질론 등
호서대학교	항공서비스학과	항공서비스개론, 항공운항과 안전, 항공운송실무, 서비스커뮤니케이션 등
호원대학교	항공관광학과	항공업무론, 객실서비스 개론, 항공실무영어, 이벤트 마케팅 등

기관교육 (승무원학원)

대학의 객실 승무원 관련 학과를 나오지 않은 사람이 많이 찾는 곳이 승무원 학원이다. 각 항공사는 채용 시 객실 승무원 관련 학과나 승무원 학원 수료생에 대해 가산점 등을 부여하고 있지 않다. 하지만 객실 승무원이 되고자 하는 사람 중 많은 수가 전문적이고 실무적인 지식을 쌓기 위해 관련 학과는 물론 승무원 학원의 문을 두드리고 있다.

승무원 학원 실질적인 취업시스템으로 이뤄져 있다. 객실 승무원 관련 학과에서 배우는 실무적인 부분과 취업에 도움이 되는 스킬 등을 배우지만, 학교가 전문 지식을 습득하는 학문에 보다 초점을 맞추고 있다면, 승무원 학원은 취업스킬에 강점을 두고 있다. 그렇다고 해서 승무원 학원이 무조건 취업에만 초점을 맞추고 있는 것은 아니다. 대학의 관련 학과 입학을 위한 대학별 입시전형과 입시전략 등을 통해

주요 대학으로 진학하려는 학생들의 입시를 돕고 있는 것이다.

이에 승무원 학원에서는 국내항공사정규과정, 국외항공사정규과정, 승무원취업종합반, LCC(저비용) 항공사과정, 스튜어드 전문과정, 서비스커뮤니케이션 등으로 커리큘럼을 나눠 맞춤형 수업을 실시하고 있다. 또한 기내방송문, 스피치, 영어 인터뷰, 한국어 인터뷰, 메이크업 요령, 매너 스킬 등도 가르친다. 대부분의 승무원 학원은 전직 승무원, 항공사 면접관 등 실제 항공사 관련 직종에 근무했던 사람들을 강사로 두며, 항공사별 원하는 인재상과 이미지 메이킹 등의 정보를 제공한다. 또한 전·현직 승무원과의 간담회 등을 개최하며 변화하는 전형절차나 면접 노하우를 생생하게 들을 수 있는 기회를 마련하기도 한다. 승무원 학원은 실업자국비지원도 가능하다.

항공사의 채용 기준은 대부분 비슷하지만 각 항공사가 추구하는 인재상
과 기준이 조금씩 다르므로 자신과 맞는 항공사에 지원하도록 하자.

국내 주요 항공사들의 채용은 크게 상반기와 하반기로 나뉘어
1년에 2차례 정기적으로 이뤄지는 편이며, 적게는 20명에서
많게는 100명가량을 채용하기도 한다. 하지만 각 항공사들의
노선확대, 새 항공기 도입 등 내부사정과 채용계획에 따라
채용횟수와 채용시기, 채용인원은 그때그때 조금씩 변동하기도
한다.

국내 항공사는 공채시험을 통해 객실 승무원을 채용하고
있으며, 최종 합격한 예비 객실 승무원은 보통 2년간의
인턴승무원 과정을 거쳐 최종 정규직으로 채용된다. 외국
항공사의 경우 국내 승무원 학원에서 공채를 대행하기도 한다.
서류심사 및 1,2차 면접은 학원에서 학원관계자들이 진행하고

최종면접만 외항사의 직원이 와서 평가하는
구조다. 외국 항공사의 경우 신장 기준 대신에
발뒤꿈치를 들고 한쪽 팔을 머리위로 뻗은
길이인 암리치를 보는 경우가 많으며, 암리치
기준은 항공사마다 다르다. 이에 객실 승무원이
되고자 하는 사람은 각 항공사별 객실 승무원이
갖춰야 할 자격조건을 습득하고, 지원가능
여부를 확인해 둘 필요가 있다.

면접은 어떻게 진행되나?

항공사별로 전형절차에 따라 다소 차이는 있지
만, 대부분의 항공사가 최종 면접이나 임원 면접
에서 입실 후 'ㄷ'자 워킹을 한 뒤 착석하여 면접
을 진행한다. 간혹 일어서서 면접을 보게 되는 경
우도 있는데, 이때 15~20분가량 자세의 흐트러
짐이 없는지, 미소를 유지하고 있는지 등을 평가
하게 된다. 면접의 내용은 개인 이력이나 경력,
전공과 관련된 것이 많으며, 아시아나항공의 경
우 면접이 끝나기 전에 모두 의자에서 일어나 먼
곳을 응시하며 가장 자신 있는 미소를 지어볼 것
을 시키기도 한다.

대한항공

대한항공의 경우 객실 승무원 채용 시 여승무원과 남승무원을 따로 채용한다. 여성 객실 승무원은 1년에 3~4번 정도의 채용하며, 남성 객실 승무원은 국제선에 한해 1년에 1번 정도 채용한다. 아울러 대한항공의 경우 다른 항공사와 달리 남자 승무원을 별도로 채용하며, 이때 남자 승무원의 경우 어학 조건이 여자 승무원보다 까다로운 편이다.

국내선과 국제선의 중복 지원은 불가능하며, 원서 접수는 인터넷으로만 가능하다. 서류가 통과되면 3차에 걸친 면접과 체력 및 수영 테스트를 거친 후 최종 합격자가 발표된다. 면접은 1차 실무자 면접과 2차 영어면접, 3차 임원진 면접으로 진행되며 1, 3차 면접에는 항공사에 적합한 사람인지, 개인의 성향은 어떠한지, 객실 승무원으로서의 서비스 정신을 갖추고 있는 지 등을 보며, 2차 영어면접에서는 기내 서비스 과정에서 원활한 소통이 가능한지 여부를 판별하게 된다. 3차에 걸친 면접을 통과한 사람에 한해 체력테스트가 진행된다. 이때 기본적인 신체검사는 물론 심박수, 압력, 유연성, 민첩성 등을 확인할 수 있는 테스트가 진행되며, 수영테스트를 중요하게 본다.

대한항공의 인재상은 4가지로 정리할 수 있다. 첫째 진취적인 성향의 소유자이다. 맡은 바 주어진 일에 새로운 도전과 개선하려는 생각으로 노력하는 사람이야말로 고정관념의 틀을 깨고 진취적인 미래를 만들어나갈 수 있다고 보기 때문이다. 둘째는 서비스 정신과 올바른 예절을 지닌 사람을 추구한다. 항공사를 찾는 승객에게 신뢰와 배려를 주는 서비스 정신과 올바른 매너, 예절이 곧 항공사의 이미지이기 때문이다. 셋째 국제적인 감각의 소유자다. 다양한 인종을 만나고 여러 나라를 다녀야 하는 객실 승무원은 전 세계 다양한 문화를 이해할 수 있는 세련된 감각을 가져야 한다. 국제화 시대를 주도해 나갈 인재는 어학실력, 열린 마음 및 우리 고유의 문화를 바탕으로 다양한 외국의 문화와 습관을 이해할 수 있어야 한다. 넷째

성실한 조직인이다. 조직 내에서 자신이 맡은 일을 끝까지 책임
있게 해나갈 수 있는 사람이다.

한편, 대한항공은 2015년부터 객실 여성 승무원 채용 기준에서
'신장 162㎝ 이상'을 없앴다. 1990년 도입 후 유지해 온 '신장
제한'을 폐지한 것으로, 신장 제한이 없어지면서 객실 승무원
채용에 많은 지원자가 몰리고 있다. 이외에도 대한항공은 20대
후반 혹은 30대 초반도 신입직원으로 입사가 가능하다. 한편
채용시 마다 자격요건이 달라지니 지원하기 전 항공사 채용
공고나 홈페이지를 참고하자.

〈대한항공 객실 승무원 채용정보〉

성별	채용절차	지원자격	제출서류	기타사항

남녀	서류전형
	→ 1차 면접
	→ 2차 면접/
	영어구술 TEST
	→ 3차 면접 /
	체력·수영
	→ 건강진단
	→ 최종합격
		• 해외여행에 결격사유가
		  없고 병역필 또는 면제자
		• 기 졸업자 또는
		  졸업예정자
		• TOEIC 550점 또는
		  TOEIC Speaking LVL 6
		  또는 OPlc LVL IM 이상
		  자격 취득한 자
		: 서류 전형 합격자 발표일
		  2년 이내 응시한
		  국내시험에 한함
		• 교정시력 1.0 이상인 자
			• 어학 성적표 원본
			• 최종학교 성적증명서
			• 졸업(예정) 또는 재학
			  증명서
				• 국가보훈 대상자는
				  관계 법령에
				  의거해 우대한다.
				• 영어구술 성적
				  우수자는 전형 시
				  우대한다.
				• 2년간 인턴으로
				  근무 후 소정의
				  심사를 거쳐
				  정규직으로
				  전환가능하다.

아시아나항공

아시아나항공이 추구하는 인재상은 첫째 부지런한 아시아나인, 둘째 연구하고 공부하는 아시아나인, 적극적인 아시아나인, 서비스정신이 투철한 아시아나인이다. 아시아나항공은 근면하고 성실한 자세로 모든 일에 최선을 다하는 사람을 선호하며, 자기 발전과 조직의 발전을 위해 항상 연구하고 학습하는 것을 중요하게 생각한다. 또한 장기적인 안목을 가지고 긍정적인 사고를 하는 것은 물론 매사에 책임감을 가지고 솔선수범해야 한다. 마지막으로 투철한 서비스 정신으로 고객의 입장에서 고객을 가족같이 생각하는 사람을 아시아나항공의 인재로 꼽고 있다. 이에 아시아나항공은 객실 승무원 채용 시 지원자가 조직과 잘 융화될 수 있는 사람인지, 객실 승무원 업무를 수행하는 데 있어 적합한지 등을 면접을 통해 판단한다.

아시아나항공은 공채를 통해 객실 승무원을 채용하고 있으며, 보통 1년에 3번 채용공고가 나온다. 아시아나항공은 서류전형시 자기소개서를 중요하게 보는 것으로 유명하며, 채용 시 남녀를 함께 채용한다. 국내선과 국제선에 따라 영어 등 어학실력을 평가하는 기준이 다르며, 기내 안전 및 서비스 업무에 적합한 신체조건을 갖춘 사람을 선호한다. 아시아나항공은 배근력, 악력, 윗몸일으키기, 유연성, 수영 등의 체력테스트를 진행하며, 성적우수자는 전형 시 우대하고 있다. 전형단계별 통과자는 아시아나항공 인터넷 홈페이지를 통해 발표한다.

〈아시아나 캐빈 승무원 채용정보〉

성별	채용절차	지원자격	제출서류	기타사항
남녀	온라인입사지원 → 서류전형 → 1차 실무면접 → 2차 임원면접 · 영어구술 → 건강검진/ 체력측정/ 인성검사 → 합격자 발표 → 입사	• 전문학사 이상 학력소지자 • 전공제한 없음 • 국내 정기 TOEIC 성적을 소지하신 분 • 교정시력 1.0 이상인 자 • 기내 안전 및 서비스 업무에 적합한 신체조건을 갖춘 분 • 교정시력 1.0이상 권장 • 남자의 경우 병역을 필하였거나 면제된 분 • 해외여행의 결격 사유가 없는 분	• 어학성적표 원본 • 최종학교 졸업(예정)증명서 • 졸업예정증명서 발급 불가 시는 재학증명서 대체 가능 • 성적증명서 • 자격증 사본 • 경력증명서 • 취업보호 대상 증명원(해당자) • 기타 입사지원서에 기재한 내용을 증빙할 수 있는 서류	• 영어 구술성적표는 소지자에 한하여 기재하며, 성적우수자는 전형시 우대한다.

저비용 항공사

저비용항공사는 최근 10년 사이 급성장을 보이고 있다. 이로 인해 객실 승무원의 수요 역시 증가하고 있으며, 과거에 비해 예비 객실 승무원의 관심이 쏠리고 있다. 저비용항공사는 정기적인 공채를 통해 객실 승무원을 채용하고 있으며, 시작한 지 얼마 되지 않은 만큼 끊임없이 탐구하며 창의적인 생각과 적극적인 행동을 갖춘 사람을 선호하고 있다.

저비용항공사의 채용단계는 크게 3단계로 이뤄진다. 서류전형과 1,2차 면접, 체력검사다. 서류전형은 입사지원서와 자기소개서, 상세이력서 등으로 구분되며, 특별한 결격사유가 없는 한 서류전형은 대부분 통과할 수 있다. 1,2차로 진행되는 면접에서는 객실 승무원으로서의 자질을 갖추고 있는지, 자신의 생각을 조리 있게 표현하는 지 등을 본다. 특히 국내선은 물론 단거리 국제선 취항으로 외국어 실력 역시 중요하게 보고 있다. 특히 영어와 일본어, 중국어 사용자를 우대하고 있으며, 기존의 대형 항공사와의 차별화를 위해 다양한 고객 이벤트를 제공하고 있어 이벤트 관련 취미나 특기가 있으면 우대받을 수 있다. 예를 들어 티웨이항공의 경우 '휴대 가능한 악기 연주자'를 우대하며 차별화된 고객서비스를 제공하고 있다. 채용 시 마다 자격요건이 달라지니 각 항공사 채용공고나 홈페이지를 참고하도록 하자.

〈이스타항공 채용정보〉

성별	채용절차	지원자격	제출서류	기타사항
남녀	서류전형 → 1차 면접 → 2차 면접 → 신체 및 체력검사 → 최종 합격	• 전문학사 이상 기졸업자 • 남성의 경우 군필 및 면제자 • TOEIC 550점 이상 또는 이에 준하는 공인시험의 자격을 취득한 자 • 나안기력 0.2 이상, 교정시력 1.0 이상인 자 • 신체 건강하며 비행근무에 법적으로 하자가 없는 자 • 해외여행에 결격 사유가 없는 자	• 주민등록등본 • 어학성적표 원본 • 최종학교 졸업(예정) 증명서 • 성적증명서 • 자격증 사본 • 장애인 증명원 (해당자)	• 중국어 외 일본어 능력 겸한 자 우대함. • 기타 개인적 특기 보유자 우대함.

〈에어부산 채용정보〉

성별	채용절차	지원자격	제출서류	기타사항
남녀	입사지원 → 서류전형 → 1차 실무진 면접 → 체력측정 (수영Test포함) 및 인적성검사 → 2차 인원 면접 → 건강검진 → 합격자 발표	• 2년제 대학 이상 학위를 소지하신 분 중 기졸업자 또는 졸업예정자 • 전공 및 어학 제한 없음 • 기내안전 및 서비스 업무에 적합한 신체조건을 갖춘 분 • 나안시력 0.2이상, 교정시력 1.0이상인분 • 해외여행에 결격사유가 없고, 남자의 경우 병역을 필하였거나 면제된 분	• 주민등록등본 • 어학성적표 원본 • 최종학교 졸업(예정) 증명서 • 성적증명서 • 자격증 사본 • 국가보훈증명원, 장애인 증명원 (해당자)	• 국가 보훈대상자 및 장애인은 관계법에 의거하여 우대한다.

〈진에어 채용정보〉

성별	채용절차	지원자격	제출서류	기타사항
남녀	서류전형 → 1차 면접 → 인성검사 → 2차 면접 (영어구술 TEST) → 건강진단 및 체력 TEST → 최종 합격	• 기 졸업자 혹은 졸업예정자 • 해외여행에 결격사유가 없는 자 • TOEIC 550점 또는 TOEIC Speaking LVL 6 이상 또는 OPic(영어) IM 이상 취득자 • 교정시력 1.0 이상인자 • 남자의 경우 병역 필 또는 면제자	• 취업보호대상자 증명원 원본 1부(소지자에 한함)	• 국가 보훈 대상자는 관계 법령에 의거하여 우대한다. • 제2외국어(일본어, 중국어) 능통자는 전형 시 우대한다. • 객실 승무원은 2년간 인턴으로 근무 후 소정의 심사를 거쳐 정규직으로 전환 가능하다.

〈제주항공 채용정보〉

성별	채용절차	지원자격	제출서류	기타사항
남녀	서류전형 → 실무면접 → 임원면접 및 체력검정 → 신체검사 → 합격자 발표	• 전문학사 이상의 학력을 가진 자(전공제한 없음) • 기졸업자 또는 졸업예정자 • 공인 어학 점수 기준 영어(필수) : TOEIC 550점, TOEIC SPEAKING 5급(110점) 이상 중국어(우대) : 新HSK 5급(180점), HSK회화 중급 이상 일본어(우대) : JPT 600, JLPT N2 이상 • 남자의 경우 병역을 필하였거나 면제된 자. • 해외여행 및 신체검사 기준에 결격사유가 없는 자	• 최종학교 졸업증명서 및 성적증명서 원본 • 각종 자격증 및 어학증명서 사본 • 취업보호대상자 증명원(해당자)	• 보훈대상자 및 장애인 우대

〈티웨이 항공 채용정보〉

성별	채용절차	지원자격	제출서류	기타사항
남녀	서류전형 → 1차 면접 → 2차 면접 → 수영 TEST → 3차 면접 → 신체검사 → 최종 합격	• 전문대학 졸업 이상, 전공무관 • 해당분야 관련 자격증 소지자 우대 • TOEIC 600점 이상 성적 소지자 • 외국어 능력(중국어, 일본어) 우수자 우대 • 남자의 경우 병역필 또는 면제자 • 해외여행에 결격사유가 없는 자 • 신체검사 기준에 결격사유가 없는 자	• 최종학교 졸업(예정) 증명서 • 최종학교 성적증명서 • 공인기관 발행 어학 성적증명서 원본 • 자격증 사본 • 경력증명서 • 취업보호대상자 및 장애인 증명원(해당자)	

© Oxfordian Kissuth

외국계항공

　외국 항공사는 1년에 2번 정기적으로 채용을 실시하는 국내 항공사와는 달리 인력이 필요할 때마다 수시로 채용공고가 나온다. 외국 항공사는 승무원 학원을 채용 대행사로 두는 경우가 많으며, 학원을 통하지 않을 때는 공개 오디션과 비슷한 '오픈 데이(Open Day)' 방식을 취하기도 한다. 이는 항공사가 인력이 필요한 국가를 직접 찾아가서 서류전형에서부터 최종면접까지 진행하는 것이다. 지원자는 지정된 면접 장소에 이력서를 제출하고 면접에 응하면 되며, 1~2일 만에 전형절차가 모두 이뤄진다.

　한편 외국 항공사의 경우 나라와 항공사별로 문화와 선호인재, 채용방식 등의 차이가 있기 때문에 지원을 원하는 항공사의 홈페이지나 취업포털 사이트, 승무원 학원의 공고 등을 자주 이용하여 정보를 파악하는 것이 중요하다.

　외국 항공사의 채용절차는 간단하게 설명하면 다음과 같다. 항공사 홈페이지에서 이력서를 제출하면 합격자에 한해 초대장이 오게 되고, 초대장에 안내된 해당 장소에서 면접을 보는 방식으로 채용이 이루어진다.

면접방식은 국내 항공사와 유사하다.

국내 항공사와 외국 항공사 면접의 다른 점 중 하나는 바로 디스커션(토론) 면접이다. 디스커션 면접이란, 약 7~10명의 지원자가 원 모양으로 둘러 놓인 의자에 앉아 면접관이 낸 한 가지 주제에 관해 정해진 시간(약7분~15분) 동안 영어로 토론하여 어떤 결론을 도출하는 것이다. 주어진 토론시간이 끝나면 때론 면접관이 조원 중 한 명을 선정하여 토론한 내용을 간단하게 요약하여 발표할 것을 지시하기도 한다. 디스커션 면접 시 가장 중요한 것은 팀원들 간의 조화며, 자신의 의견만 내세우기보다는 서비스인의 자격 요건에 맞게 자신이 상대방의 의견을 경청하는 사람이라는 것을 보여줄 필요가 있다. 디스커션 면접은 대표적으로 카타르항공, 에미레이트항공 등에서 시행하고 있다.

〈KLM네덜란드항공〉

성별	채용절차	지원자격	제출서류	기타사항
남녀	서류통과 → 1차 면접 → 2차 면접 → KLM 최종 면접	• 영어회화 능통자, 한국국적/ 한국여권 소지자 (한국어 어휘구사가 정확하며 한국문화에 대한 이해도가 있는 자) • 만 21세 이상, 기혼자도 가능 • 신장 158cm이상 • 승무원직 수행에 적합한 신체조건 • 2년제 대학 졸업(예정)자의 이상의 학력 • 수영능력 보유자(관련 자격증 소지자 우대) • 팀플레이 정신과 유머감각 소유자 • 해외여행 및 신체검사 기준에 결격사유가 없는 자	• 한국여권 사본 • 어학성적 증명서 사본 • 졸업(예정) 증명서	

〈카타르항공〉

성별	채용절차	지원자격	제출서류	기타사항

남녀	1차 CV drop
	→ 2차 카타르항공
	프레젠테이션 시청/
	필기시험/ screening 및
	신체검사/디스커션
	→ 3차 파이널 개별면접
	→ 합격자 발표
		• 만 21세 이상
		• 고등학교 졸업 이상
		• 암리치가 212cm 이상인 자
		• 영어회화, 영어작문이 능숙한 자
		• 사교적이고 대인관계능력이
		  훌륭하며, 다국적 팀 환경에서 일할
		  수 있는 자
		• 카타르 도하 거주가 가능한 자
			• 이력서
			• 전신사진
			• 졸업증명서
			• 여권사본	

〈에미레이트항공〉

성별	채용절차	지원자격	제출서류	기타사항
남녀	서류전형 → 그룹면접 → 에세이 → 필기시험 → 스몰토크(small talk) → 아티클 요약 → 사진묘사 → 일대일 최종면접	• 고졸이상이면 누구나 • 나이제한 없음 • 기혼자도 지원 가능 • 신장 158cm, 암리치 212cm 이상 • 성격, 건강, 적극성 중시	• 영문이력서 2부(에미레이트 양식 다운로드)	

〈케세이퍼시픽항공〉

성별	채용절차	지원자격	제출서류	기타사항

남녀	서류통과
	→ 1차 면접(영어면접)
	→ 2차 면접(그룹면접)
	→ 최종 면접(영어인터뷰)
		• 나이제한 없음
		• 2년제 대학 이상
		• 키 160cm 이상, 암리치
		  208cm 이상
		• 기혼자 가능
		• 개성, 성실함, 친화력,
		  어학 중시
			• 이력서(영문 및 국문)
			• 자기소개서(영문 및 국문)
			• 졸업(예정)증명서
			• 성적증명서
			• 어학 성적표 사본
			• 직무/IT 등 자격증 사본	

〈싱가포르항공〉

성별	채용절차	지원자격	제출서류	기타사항

남녀	서류전형
	→1차 그룹면접
	→2차 그룹면접/
	에세이 작성
	→3차 그룹면접
	→필기시험
	→파이널 개별면접
	→유니폼 테스트
	→ 합격자 발표
		• 나이 제한 없음
		• 4년제 이상 졸업한 자
		• 신장 158㎝ 이상, 교정시력 1.0
		  이상
		• 상급 영어회화 및 영어 작문
		  가능한 자
		• 해외여행에 결격사유가 없는 자
		• 싱가포르 거주가 가능한 자
			• 국/영문 이력서 각1통
			• 국/영문 자기소개서
			  각 1통	

〈동방항공〉

성별	채용절차	지원자격	제출서류	기타사항

남녀	서류전형
	→ 1차 실무면접
	→ 2차 임원면접+토론면접
	→ 3차 중국본사
	임원면접+1차 신체검사
	→ 2차 신체검사
	→ 신입승무원 교육대상자
	발표 및 교육
		• 20세 이상, 상해 이주
		  가능자
		• 2년제 이상 졸업 학위
		• 나안시력 0.1 이상,
		  교정시력 1.0 이상
		• 신장 162㎝ 이상 178㎝
		  이하, 암리치 208㎝
		• 남성의 경우 4년제 이상
		  졸업학위, 신장 176㎝
			• 국문지원서 1부,
			  영문/중문 선택 1부
			• 자기소개서
			• 최종학교
			  졸업증명서(또는
			  재학증명서)
			• 어학성적증명서 사본
			• 사진(전신, 반신)
			  각1부씩
				• 중국어
				  가능자
				  우대
				• 흉터
				  검사

Part Four

Insight

포토그래퍼 박성환

Interview

"승무원은 경험해보면 더욱 멋진 직업이고, 세계 곳곳의 많은 것을 누릴 수 있어 무엇과도 바꿀 수 없는 소중한 경험을 할 수 있을 거예요."

이성은; 前 아시아나항공 승무원

간단한 본인 소개와 지금 하는 일을 말해주세요.
10년간 다니던 항공사를 그만두고 올해부터 승무원을 했던
경험을 살려 강사로 활동하기 위해 준비하고 있어요. 10년간 세계
곳곳을 다니다 보니 자유롭긴 해도 규칙적인 생활은 포기해야
했기 때문에 쉬면서 아침마다 운동도 하고, 그동안 배우고 싶었던
것들을 배우고 있어요.

승무원을 직업으로 선택하게 된 이유는.
어렸을 때 시골에 살다 보니 도시에 대해
동경이 있었고, 티비로만 접하던 세계 곳곳을
여행할 수 있는 직업이라는 점이 매력 있게
다가온 것 같아요. 그래서 대학교 4학년 때부터
본격적으로 준비했었어요.

승무원 준비는 어떻게 하셨어요?
대학생일 때는 학점 관리에 신경을 쓰고,
언어가 가장 중요하다고 생각해서 영어와
일본어를 공부했었어요. 서류는 많은 인원이
통과되기 때문에 임원면접을 중요하게
생각했죠. 면접은 표정, 말투, 자세 등에서 그
사람의 전체적인 이미지를 평가하기 때문에
첫인상이 중요하다고 생각해서 취업준비를
하는 반년 동안은 집에 가는 길에 볼펜을 입에
물고 스마일 연습을 하면서 다녔어요. (웃음)
사람들이 이상하게 쳐다봐도 오히려
스마일라인을 교정하는 제 모습이 당당했던 것
같아요. 면접에 대비해서 매일 아침 신문도
읽고 사설 부분을 따로 모아서 몇 번씩
읽었어요. 승무원준비생 인터넷 카페에
가입해서 합격 수기도 많이 읽고, 합격자들의
답변을 모아서 읽어보고 팁을 얻었던 것
같아요.

승무원이 되고 나서 생각했던 것과 다른 점이
있었나요?
승무원이 하는 일은 사실 눈에 보이는 것보다
매우 많아요. 승객들의 안전을 책임지기 위해
비행기 탑승 전부터 기종에 관해 공부하고,
서비스 전까지 준비할 사항도 많아요. 승무원이
되겠다고 생각했을 때는 멋진 유니폼을 입고
캐리어를 끌고 공항을 걸어가는 멋있는 모습만
생각했는데, 막상 비행기를 타면 화장실도

치워야 하고, 1.5L 물 6개짜리 두 묶음을 들어
올리거나 카트를 끄는 것처럼 힘쓰는 일도
많아요. 준비하는 시간이 길지 않아서
기내에서는 뛰어다니는데 여름에는 스카프가
젖을 정도였어요. 우아하게 기내에서
서비스하는 모습만 생각했었는데 정말 체력이
강해야 할 수 있는 직업이에요. 호수에 떠
있지만 온 힘을 다해 다리를 젓는 백조 같다는
말이 어울릴 것 같아요.

승무원 일을 잘 수행하는 데 필요한 자질은
어떤 것이 있을까요?
승무원은 다양한 사람에게 서비스를 하므로
예측할 수 없는 일이 많이 생기는데, 그때마다
당황하지 않고 잘 대처할 수 있는 침착함과
유연한 사고를 해야 한다고 생각해요. 비즈니스
클래스에서 서비스할 때 유리잔이 깨진 적이
있었어요. 그 순간 승객에게 '움직이지
마세요'라고 단호하게 말한 뒤 우선 깨진
유리를 빠르게 치웠어요. 제가 여기서
안절부절못하고 당황하면 오히려 승객이
다치는 상황이 생길 수 있으므로 더 침착해져야
해요. 비행할 때 깨지거나 넘어지는 경우가
의외로 많으므로 당황하지 않는 연습을 하는 게
도움이 될 것 같아요.

어떤 성향을 지닌 사람이 승무원 직업을 가지면
좋나요?
잘하거나 오래 승무원 일을 하는 사람을 보면
사교적이고 활발한 성격의 소유자가 많아요.
아무래도 다양한 사람을 만나기 때문에 사람을
좋아하고, 어떤 손님이 와도 먼저 다가가는
성격이 스트레스를 덜 받아요. 소극적이거나
사람 만나는 것을 꺼리는 사람은 일찍 그만두는
경우가 많아요. 같은 서비스를 해도 말 한마디

안 하고 그러면 서비스 자체가 재미도 없고,
일에 흥미를 못 느끼거든요. 그리고 비행마다
팀이 바뀌어요. 그러면 함께 일하는 선후배가
바뀌기 때문에 사람을 싫어하면 힘들 수
있어요.

**승무원이라는 직업이 갖는 특유의 문화가
있나요?**
레이오버(체류) 비행을 가면 3박 4일을 같이 밥
먹고, 여행하고 하다 보니 동료라기보다 친구
같은 느낌이 많이 들어요. 그리고 비행이
끝나면 일도 끝나요. 일반 회사는 보고서
작업도 많고, 야간근무도 많이 하잖아요. 저희는
특별한 일이 있지 않은 이상 보고서 쓸 일이
없고 야간근무의 개념이 없어요. 그렇다 보니
회사에 다니는 회사원인데 회사원이 아닌,
자유로운 직업이에요.

**직업으로서 승무원의 전망은 어떻게
생각하나요?**
체력적으로 힘들고 해외에 체류하는 시간이
많아서 외로운 직업일 수 있지만, 복지도 좋고
자유롭게 세계를 누빌 수 있는 특권을 가진
직업이라고 생각해요. 매년 해외여행을 가는
사람들도 늘어나고 신규 취항지도 늘어나면서
항공사 규모가 더 커지면 승무원이라는 직업에
대한 수요도 늘어날 것으로 생각해요. 승무원의
꿈을 많이 가졌으면 좋겠어요. (웃음)

**승무원을 꿈꾸는 이들에게 말해주고 싶은
조언이 있다면**
승무원은 보이지 않는 곳에서 더 많은 일을
하고, 기내라는 특수한 상황에서 난기류 때문에
위험한 상황이 오기도 하고 체력적으로 힘든
일이라는 것을 알고 준비했으면 좋겠어요.

승무원은 단지 서비스만 하는 것이 아니라
승객의 안전을 지키고 여행의 시작과 끝을 함께
하는 사람들이에요. 경험해보면 더욱 멋진
직업이고, 세계 곳곳의 많은 것을 누릴 수 있어
무엇과도 바꿀 수 없는 소중한 경험을 할 수
있을 거예요. 승무원에 한 번 도전해보세요!

"외국에서 살아보고 싶은 사람에게는 더없이 좋은 기회가 되기도 하고,
다양한 문화를 접할 수도 있어요."

박샛별; 前 카타르항공 승무원.
김송희; 前 말레이시아항공 승무원.

간단하게 소개를 해주시겠어요.
박: 카타르항공에서 6년 동안 항공승무원으로 근무하다 그만두고
지금은 본업과 팟캐스트 하늘을 나는 여인들의 리얼한 수다
MC를 겸하고 있는 박샛별이라고 합니다.
김: 저는 4년 동안 말레이시아항공에서 승무원으로 일하다가
한국에 온 지는 어느덧 3년이 지났네요. 현재는 프리랜서 MC와
강의를 하고 있어요. 샛별 씨 정인 씨와 함께 하리수도 하고
있고요, 영어 통역도 가끔 맡아서 해요.

하늘을 나는 여인들의 리얼한 수다(이하 하리수)는 어떤 프로그램인가요?

김: 하리수는 전 현직 항공승무원들이 전하는 솔직 당당한 비행과 사람에 관한 이야기를 들을 수 있는 방송이에요. 현직 승무원분들이나 승무원을 준비하시는 분들 그리고 승무원에 관심 있으신 분들 모두 재밌게 들으실 수 있어요. 생각했던 것과 다른 승무원의 숨겨진 이야기들을 많이 방송에 담고 있거든요.

승무원이 되고 나서 생각했던 것과 다른 점이 있나요?

박: 생각보다 여행할 시간이 없어요. 어떤 나라로 비행을 갔을 때 머무는 시간이 너무 짧으면 자유여행 할 때처럼 많이 돌아다니기 힘들어요. 도시 구경은커녕 밥 한 끼 먹고 한숨 자고 바로 돌아와야 하는 비행이 훨씬 많더라고요.

김: 맞아요. 그래서 파리 비행 갔을 때 체류 시간이 24시간 밖에 없어서 진한 승무원 화장은 그대로 한 채 옷만 갈아입고 나갔던 기억이 나네요.

박: 저도 생일에 파리 비행이 있었는데, 친구들은 생일에 파리에 있다고 하니까 낭만적이라고 부러워했어요. 그런데 오전 8시에 파리 도착 후 그 날 오후 8시에 다시 돌아와야 하는 스케줄이라 호텔에서 잠만 자고 바로 돌아왔어요. 결국, 생일에 파리까지 걸어갔다가 다시 걸어온 셈인 거죠. (웃음)

김: 그래서 비행을 여행의 수단으로 생각하면 안 되는 것 같아요. 비행 안에서 본인이 즐길 수 있는 무엇인가를 찾아야 덜 힘들고 오랫동안 비행을 할 수 있어요. 안 맞는 사람의 경우 1~2년 안에 그만두기도 해요.

박: 진짜로 해보고 안 맞는 예도 있는데,

승무원은 이런 거겠지 환상을 갖고 꿈을 키우다가 해보면 현실은 다르니까 "승무원이 이런 일이었어?" 하면서 그만두는 경우가 꽤 있어요.

승무원에 대한 어떤 환상이 있었나요?

박: 저는 환상이 없었어요. (단호) 어렸을 때 비행기를 탔는데 승무원이 화장실 청소하는 것을 보고, 나는 승무원은 절대 하지 않겠다고 다짐했었어요.

김: 저도 승무원 업무에 관한 환상은 없었어요. 유일하게 하나 있었던 환상은 항공사 CF를 보면 한가인, 이보영 등 여배우들이 모델을 해서 예쁜 사람이 승무원을 하는구나 했었어요. 저는 감히 도전하면 안 되는 거로 생각했었던 것 같아요.

외국 항공사에 다니는 승무원에 대한 환상도 있을 것 같은데.

박: 외국 항공사이기 때문에 가지는 특징들이 사람들에게 환상으로 크게 작용하는 것 같아요. 물론 외국에서 살아보고 싶은 사람에게는 더없이 좋은 기회가 되기도 하고, 다양한 문화를 접할 수도 있어요. 국내 항공사보다 선후배 간의 위계질서가 심하지 않아요. 그래서 더 자유로운 분위기에서 일할 수 있다는 장점이 있죠.

김: 어떤 외국 항공사냐에 따라 다른 것 같아요. 아시아 쪽은 위계질서가 엄격한 편이에요. 문화의 차이라고 생각하면 될 것 같아요.

박: 외국 항공사라고 해서 환상적인 것만 있는 것은 아니에요. 단점도 분명히 있어요. 제일 큰 단점은 향수병이에요. 사랑하는 사람들을 자주 못 보기 때문에 외로울 수 있어요. 한국에 있는 가족, 친구들의 경조사를 챙기지 못하는 것도

마음이 아프죠. 특히 저는 결혼하고 외국에
살면서 승무원 생활을 했는데, 명절 때
부모님과 시부모님을 못 찾아뵙는 것이
안타까웠어요. 제가 외국에서 일하는 걸
지지해주는 남편이 너무 보고 싶기도 했고요.
그런 부분만 없다면 외국 항공사에서 오랫동안
일하는 것도 좋아요.
김: 그래서 외국 항공사는 20년 30년 이상
비행하는 승무원들이 매우 많더라고요.
정년까지 근무하는 사람도 많아요.

**정년까지 지상에서 근무하는 것이 아니라
비행을 하는 거예요?**
박: 비행을 하는 거예요. 세계 어느 나라건 기혼
여성들이 일하기에는 가족들의 서포트와
이해가 필요하잖아요. 우리나라는 그동안
여자가 육아하는 분위기가 있어서 그런지 해외
비행하게 되면 집을 비우는 시간이 많아져서
자연스럽게 승무원을 그만두는 경우가 많다고
들었어요. 그리고 국내 항공사 비행기를 타면
젊은 승무원들이 많다 보니 승객들은 거기에
익숙해지니까 나이 많은 엄마뻘 승무원을
어색해해요. 그런데 외국은 진짜 많거든요. 전혀
신기한 일이 아니에요.
김: 말레이시아 사람들은 결혼하고도 많이
하니까 40세 승무원이 흔해요. 제가 20대
중반에 신입으로 일할 때 선임 승무원이
이모뻘이라서 귀엽게 봐주셨어요.
박: 그래도 지금은 인식이 많이 변한 것 같아요.
요즘은 국내 항공사도 결혼하고 다니는
승무원의 비율이 예전보다 많아졌더라고요.

**승무원에 대한 인식이 바뀌고 있다는 것은
긍정적인 부분이네요.**
김: 그래도 조금 더 바뀌었으면 하는 바람이

있어요. 항공서비스라고 하면 서비스를 너무
강조하는 것 같아요. 법률서비스나 교육
서비스에서는 항상 웃어야 하고 친절해야
해라고 하지 않잖아요. 법률과 교육 자체를
중요하다고 생각하니까. 근데 유독 항공
서비스에는 항공이 없어요. 우리가 하는 친절과
서비스도 당연히 해야 하는 업무인 것은 맞으나
'항공'보다 더 중요하게 생각하는 점이
안타까워요.
박: 좋은 서비스라는 게 아랫사람이 윗사람에게
해주는 것이 아니잖아요. 그래서 엄마뻘
승무원이 해주는 서비스도 가능한 것인데, 아직
우리나라는 '손님이 왕이다'라는 구시대적인
사고방식을 가진 사람이 많은 것 같아요. 비행
중에는 안전 규정에 어긋나는 것을 목격하거나
예방하기 위해 웃지 않고 강하게 말해야 하는
경우가 발생하는데 그것을 불편해하는 손님이

있는 거죠.

김: 승무원이 무슨 일을 하는 사람인가라는 질문에 대해 오해하고 있는 분들이 많은 것 같아요.
서비스해주는 사람이라고 생각하지 승객의 안전을 책임지는 사람이라고는 생각을 못 해요.

서비스하다 보면 유독 힘들게 하는 승객이 있잖아요. 그런 진상 승객들을 대하는 대처법이 있나요?

박: 저는 개인적으로 안 받아들이려고 노력해요. Don't take it personally! 감정적으로 받아들이지 말라고 마음속으로 얘기해요. 이 사람은 나를 싫어하는 것이 아니라 그 상황이 싫어서 컴플레인을 하는 것으로 생각하면 마음이 편해지더라고요.

그래도 기분이 나쁠 텐데.

박: 가끔 인신공격하는 사람을 보면 저도 사람이기 때문에 기분은 나빠요. 난 잘못한 게 없지만, 승무원으로서 그냥 이야기를 들어주자고 생각해버리죠.

김: 처음에는 만날 때마다 당황스러웠는데, 저만의 방법이 생기더라고요. 진상은 어디든 존재한다고 인정하고 빨리 발견하기 위해 노력해요. 알면 대처가 쉽거든요. (웃음)

박: 진상 승객이 없을 때도 많아요. 간혹가다 정말 힘들게 하는 승객이 있는 거죠. 승무원이 잘해주면 승객들도 좋지만, 저희도 좋은 승객과 커뮤니케이션을 하면 진짜 많은 에너지를 받아요. 무조건 서비스만 하는 것은 아니거든요.

김: 정말 따뜻하게 손 한 번만 잡아줘도 방전되었던 것이 충전되는 기분을 받아요. 여러 가지 방법을 시도해봤지만 가장 효과적인 건 승객으로부터 칭찬을 받았던 경우였어요. 오래 일하려면 사람에 관한 관심과 애정을 놓지 않는 것이 중요한 것 같아요. 진상 승객은 1명이지만 평범한 사람은 299명이 있거든요. (웃음)

진상 승객에게 받는 스트레스를 푸는 방법이 있다면.

박: 동료들과 얘기하면서 스트레스를 푸는 경우가 제일 많은 것 같아요. 서로를 가장 잘 이해해 주는 건 동료 승무원들이니까요.

김: 우리는 매번 한배를 탄 셈이잖아요. 마음 맞는 동료가 있으면 '이 승객이 나한테 이랬어'라고 했을 때 공감해주면 거기서 많이 풀리는 것 같아요. 좋은 선후배와 함께 있으면 진상 승객은 참을 수 있어요.

동료애가 끈끈하겠어요.

김: 네, 마음 맞는 동료들과 함께라면 10시간,

12시간 비행을 해도 하나도 안 힘들어요.

거꾸로 좋은 승객 덕분에 보람을 느끼는 경우도 있지 않나요?

박: 외국어를 못하는 한국 승객을 도와주고 "샛별 씨 덕분에 편하게 왔어요. 외국에서 한국 사람 보니 말도 통하고 좋네요."라는 말을 들었을 때 보람을 느껴요. 또 말이 전혀 안 통하는 외국 분들이 손을 꼭 잡으며 '고마워요, 고생했어요.'라는 눈빛을 보내고 내릴 때 기분이 정말 좋아요.

김: 맞아요. 손잡아주시는 분들이 많고, 외국인들은 표현을 많이 해주셔서 고마운 것 같아요. 고마웠던 서비스에 대해 아주 자세히 말해줘요. 물어보지 않아도 좋은 피드백을 해주는 분들은 한국보다 외국인들이 많은 것 같아요.

박: 한국 승객들은 '아 오늘 기분 좋게 오셨나 보다' 하는 것을 내릴 때 느껴요. 수줍게 얘기해주시거나 눈빛으로 말씀을 해주시더라고요.

김: 우리나라 승객들도 승무원들에게 표현을 많이 해주셨으면 좋겠어요. 그러면 정말 힘이 나거든요. 많이 해 주실 거죠? (웃음)

승무원들은 물을 많이 마신다고 하던데 직업병의 일종인가요?

김: 물을 많이 마셔야겠다는 강박관념은 갖고 있어요. 기내가 건조하기도 하고, 이착륙 과정에서 충격으로 몸에 무리가 갈 수 있거든요. 그래서 기장, 부기장도 자주 마셔요. 그런데 정신없이 바쁘면 물 한 잔 마실 시간 없이 몇 시간이 지나갈 때가 있어요. 서비스하고, 수거하고, 면세품 판매하고 나면 몇 시간이 통째로 눈 깜짝할 사이에 지나가요.

그럼 중간에 승무원들끼리 '잠깐 물 한잔하자!' 하고 마시기도 해요.

박: 물을 많이 마시는 것 외에는 시차를 견뎌야 하고 불규칙한 생활을 해서 불면증에 시달리는 승무원들을 많이 봤어요. 또 무거운 물건을 들어야 해서 (카트 끌기, 술병이 가득 찬 서랍 옮기기, 승객 짐 도와주기 등) 허리 통증으로 고생하는 승무원들도 종종 봤어요. 다행히 저는 워낙 건강한 체질이라 승무원을 하면서 직업병은 안 생겼어요. (웃음)

이야기를 들어보니 승무원은 여러 직업을 다 합쳐놓은 만능인 같아요.

김: 승무원은 안전관리, 간호, 서빙, 상담, 힘쓰는 일까지 종합적인 일을 하는 것 같아요. 그래서 어느 한 곳에 집중하는 것보다 멀티태스킹 잘하는 게 정말 중요해요.

박: 내가 이 사람에게 서비스를 하고 있을 때 저 사람에게 어떤 서비스를 해야겠다는 것을 생각해야 해요. 파일럿도 챙겨야 하고, 승객도 챙기고, 화장실도 치워야 하죠.

김: 비슷한 의미로 안전에 대한 이론적인 지식도 있어야 하고, 손도 빨라야 하고, 면세품 판매도 해야 하므로 숫자에 대한 개념과 세일즈도 할 줄 알아야 해요. 한 부분에 특화된 것 보다 두루두루 잘 하는 사람이 승무원을 하기에 좋아요.

외국 항공사 승무원이 되는데 필요한 조건이 있나요?

박: 외국 항공사 채용 조건은 국내 항공사와 크게 다르지는 않아요. 다만, 기본으로 영어는 할 줄 알아야 해요. 기준만 넘으면 다른 스펙은 보지 않고, 전공도 전혀 상관없어요. 중문과,

영문과 등 어문계열 전공한 승무원들이 많고
생물학과나 공학 계열 전공을 가진 승무원들도
있어요. 저처럼 체육학을 전공한 친구들도
많고요.

김: 한 가지 유의할 점은 외국 항공사에 지원할
때 전문대 졸업으로는 제한이 생길 수 있어요.
로컬 크루 채용의 경우는 고졸 이상이면 지원할
수 있지만 우리는 현지인이 아니라 외국인
승무원이기 때문에 취업비자를 못 받는 경우가
생길 수 있어요. 해당 국가에서 취업비자를
대졸자 이상으로 제한을 두는 예도 있거든요.

박: 만약 어렸을 때부터 꿈이 승무원이라면
항공운항 관련 학과를 가는 것도 좋지만 흥미가
있거나 배워보고 싶은 전공을 선택해서
공부하고 졸업 후 승무원에 도전하는 것이 더
좋을 것 같아요.

제 대학 동기 중 한 명은 "나는 꿈이 승무원인데
승무원은 전공을 안 보니까 체력으로 어필할
거야"라고 하면서 체육학과를 선택했다고 해요.

김: 저는 신문방송학과를 전공했어요. 승무원을
준비한다고 했을 때 '너는 왜 신문방송학과
나와서 승무원을 해?'라고 사람들이 의아해
했어요. 그런데 저는 신문방송학과를 전공으로
택한 것이 너무 다행이었다고 생각해요.
대학에서 늘 사람들 앞에서 이야기하고 듣다
보니, 면접 때 떨지 않았어요. 일할 때 승객
분들과 대화할 때도 힘들지 않고 도움을 많이
받았고요. 특히 기내방송이 애착 가는
업무였어요. (웃음)

박: 승무원이 되기 위한 자질을 키우겠다고
억지로 만들기보다는 하고 싶은 것을 하다 보면
저절로 이루게 되는 것 같아요. 저는 대학교 때
교환학생을 가고 싶어서 영어공부를
시작했어요. 그래서 외국 항공사에 지원할 때
많은 도움이 된 것 같아요.

**마지막으로 승무원을 준비하는 분들께
말해주고 싶은 조언이 있다면?**

박: 승무원이 왠지 멋있어 보이거나, 유니폼이
예뻐서 특정 항공사에 가고 싶다는 막연한
동경이면 아예 준비를 안 하는 게 나아요.
그렇지만 승무원이 되고 싶다는 생각이
확고하다면, 자신을 믿고 승무원이 되기 위해
필요한 역량을 키워나가세요. 분명 꿈은
이루어질 거예요.

김: 저는 승무원을 꿈꾸는 친구들에게 프로
면접러보다 승무원이 될 준비를 하라고 하고
싶어요.

대부분의 승무원 지망생들은 면접에 중점을
두고 준비해요. 화장하는 법, 인사하는 법도
중요하지만, 그것보다 중요한 것은 내가 어떤
승무원이 되겠다는 마음가짐이에요.
영어를 잘하는 승무원이 되겠다. 서비스
마인드가 출중한 승무원이 되겠다. 아니면
비행기에 대한 지식을 더 공부해볼까 등 생각을
더 깊게 해보면 면접 때 자신감 있게 말할 수도
있고, 승무원이 된 이후에도 재밌게 일을 할 수
있을 거예요. 승무원을 꿈꾸는 친구들 모두
꿈을 이루길 바랄게요.

팟캐스트 "하늘을 나는 여인들의 리얼한 수다, HARISU"

각 항공사는 객실 승무원 채용시 실무면접을 진행하며 업무 및 지원자에 대한 기본적인 질문 외에도 최신 뉴스 및 지원 항공사에 관한 생각을 묻는다.

대한항공

- 대한항공 취항지 중에서 내가 추천하는 곳이 있다면 어디인가요?
- 대한항공 승무원으로 근무하면서 마지막 목표를 세우신다면?
- 대한항공의 A380 도입에 대한 지원자의 생각을 말해보세요.
- 계속 우는 아이 때문에 주변 승객들이 불편해 한다면?
- 고객 안전과 고객의 편의를 위한 서비스 중에서 무엇이 중요할까?
- 승무원이 인기가 많은 이유를 영어로 설명해보세요.
- 손님이 찾으시는 면세품이 모두 판매가 되었다면?
- 서비스 아르바이트 중에 가장 기억에 남는 진상고객은?
- 이코노미석인데 비즈니스석으로 바꿔달라고 한다면?
- 간호사와 승무원의 비슷한 점과 차이점은?

아시아나항공

- 아시아나항공의 최근 뉴스기사를 간단하게 말해보세요
- 아시아나항공의 유니폼에 대해 어떻게 생각하시나요?
- 아시아나항공의 기내특화 서비스에는 어떤 것이 있습니까?
- 학창시절에 어떤 일을 했나?
- 성취감을 느꼈던 경험을 말씀해보세요.
- 선배가 까다로우면 어떻게 할 것인가?
- 대학 수업 중에서 가장 기억에 남는 과목은 무엇입니까?
- 자신만의 버킷리스트가 있다면? 소개해보세요.
- 팀을 구성해서 일해본 적 있는가?
- 최근에 읽은 아시아나 기사는?

에어부산

- 승무원이 기내서비스 이외에 할 수 있는 일은 무엇이 있을까요?
- 다른 항공사를 지원해보셨나요? 왜 떨어졌다고 생각하시나요?
- 스트레스 해소법?
- 아침에 본 뉴스나 신문에서 기억나는 기사거리가 있으면 얘기해 보세요.
- 진 에어와 에어부산의 차이점은?
- 평소 거울을 자주 보는 편인가요?
- (제2외국어 가능자) 자기소개를 영어와 한국어 이외의 언어로 해보세요.
- 에어부산의 장점은 무엇이 있을까요?
- 제일 화가 났던 일에 대해 말씀해 보세요.
- 인생에 영향을 미친 인물은 누구인가요?

제주항공

- 봉사활동을 하면서 느낀 점은 무엇인가요?
- 외국에서 봉사활동과 국내에서 봉사활동을 하는 것의 차이는 무엇인가요?
- 다른 항공사와 제주항공 모두 합격하신다면 어떤 항공사를 선택하시겠습니까?
- 본인의 어떤 점이 승무원에 잘맞다고 생각하시나요?
- 본인보다 나이가 어린 선배와의 관계를 어떻게 생각하시나요?
- 제주항공의 첫 번째 외국노선이 어디인가요?
- 제주항공을 1분 동안 소개해보세요.
- 혼자 해외 여행한 경험이 있던데, 어떻게 혼자하게 되었나요?
- 교내 아나운서 경험이 있는 분, 멘트해 보세요.
- 월급이 많지 않아도 다니겠는가?

진에어

- 진에어의 승무원은 타항공사와 달리 가져야 할 특별한 마음가짐이 있다면?
- 진에어의 기내의자에 대해 어떻게 생각하나요?
- 진에어가 다른 항공사와 차별화할 수 있는 부분이 있다면?
- 메이저 항공사와 저가항공사와의 차이점은 무엇이라고 생각하십니까??
- 왜 진에어에 지원하셨습니까?
- 진에어의 기내식을 아는대로 설명해주시고, 추천하는 기내식은 무엇인가요?
- 진에어의 기내 이벤트에 대해 어떻게 생각하세요?
- 스튜어드 지원자에게, 기내에 왜 남자 승무원이 필요합니까?
- 승무원의 단점은 무엇이라고 생각하십니까?
- 가정과 일 중에서 무엇이 중요합니까?

이스타항공

- 지원 동기가 어떻게 되나요?
- 승무원이란 무엇이라고 생각하시나요?
- 입사 후 포부를 이야기 해보세요.
- 객실서비스는 무엇이라고 생각하시나요?
- 이스타항공에 대해 아는 데로 이야기 해보세요.
- 대한항공과 아시아나 항공도 지원하신 적 있나요?
- 10년 후 본인은 무엇을 하고 있을 것 같나요?
- 화난 승객을 어떻게 대하실 거죠?
- 자신의 전공에 대해 설명해보세요.
- 이스타항공이 더 많은 고객을 유치하기 위한 아이디어가 있나요?

KLM 네덜란드항공

- 외국인 친구에게 우리나라를 소개한 특별한 장소가 있다면?
- 타업종경력자에게, 특정업무 경험에 대해 설명해보라.
- 나만의 스트레스 해소방법이 있다면?
- 서비스직이 본인과 맞다면 생각한다면, 그 이유는 무엇인가?
- 자신이 승무원이 되기 위해 준비한 것들이 무엇이 있나?
- 만약 채용이되고, 계약이 만료된다면 어떻게 하겠나?
- 전직 승무원 지원자에게, 이직을 원하는 이유가 있다면?
- 팝송을 좋아하나?
- 존경하는 사람이 있다면?
- 절실하게 다른 사람의 도움이 필요했던 경험이 있나?

중국 동방항공

- 동방항공 유니폼에 대해 어떻게 생각하나?
- 당신의 성격 중 나쁜 것은 무엇인가?
- 외국으로 여행간 적이 있나?
- 베스트 프렌드에 대해 말해보라.
- 오늘 신문 1면의 기사내용은?
- 영어나 중국어로 자기소개를 해보라.
- 결혼은 언제하고 싶나?
- 이름으로 삼행시를 지어보라.
- 희망 급여가 있다면 이야기해보고 그 이유를 설명해보라.
- 중국 상해의 인상은?

독일 루프르한자항공

- 지원자가 생각하는 루프트한자독일항공의 특징을 말해 달라.
- 우리 항공사에 지원한 동기는 무엇인가?
- 독일어로 자신을 소개해 보라.
- 왜 이직하려고 하나?
- 본인의 장단점에 대해서 말해 달라.
- 본인의 전공은 무엇이며, 전공을 선택한 이유는 무엇인가?
- 해외여행은 어디로 했나?
- 학창시절 동아리 활동을 한 경험은 있나?
- 좌우명이 있다면 말해 달라.
- 한국에서 10월 3일은 무슨 휴일인가?

04 항공기 승무원의 법적 지위

우리나라는 「사법 경찰관리의 직무를 수행할 자와 그 직무 범위에 관한 법률」을 통해 기장의 지명을 받은 객실 승무원에게 사법 경찰관리의 직무를 수행할 수 있도록 하고 있다.

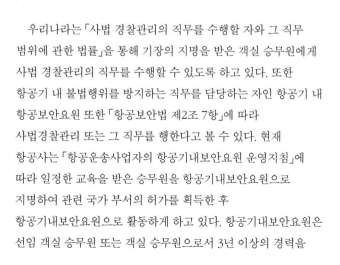

  우리나라는 「사법 경찰관리의 직무를 수행할 자와 그 직무 범위에 관한 법률」을 통해 기장의 지명을 받은 객실 승무원에게 사법 경찰관리의 직무를 수행할 수 있도록 하고 있다. 또한 항공기 내 불법행위를 방지하는 직무를 담당하는 자인 항공기 내 항공보안요원 또한 「항공보안법 제2조 7항」에 따라 사법경찰관리 또는 그 직무를 행한다고 볼 수 있다. 현재 항공사는 「항공운송사업자의 항공기내보안요원 운영지침」에 따라 일정한 교육을 받은 승무원을 항공기내보안요원으로 지명하여 관련 국가 부서의 허가를 획득한 후 항공기내보안요원으로 활동하게 하고 있다. 항공기내보안요원은 선임 객실 승무원 또는 객실 승무원으로서 3년 이상의 경력을

갖춘 자만이 할 수 있으며, 정신적으로 안정되고 성숙된 자이어야
한다.

항공기 내 항공보안요인 객실 승무원으로부터 제지를 받을 수
있는 행위는 다음과 같다.

1. 항공기의 보안을 해치는 행위
2. 인명이나 재산에 위해를 주는 행위
3. 항공기 내의 질서를 어지럽히거나 규율을 위반하는 행위

기장 등은 위와 같은 행위를 한 사람을 체포한 경우에 항공기가
착륙했을 때 체포된 사람이 그 상태로 계속 탑승하는 것에
동의하거나, 체포된 사람을 항공기에서 내리게 할 수 없는 이유가
있는 경우를 제외하고는 체포한 상태로 이륙해서는 안 된다.

위와 같은 행위를 한 사람을 원활하게 제지하고 승객이
안전하게 비행을 할 수 있도록 하기 위해서는
항공기내보안요원은 다음과 같은 내용의 훈련을 이수해야 한다.

1. 체포 및 구금 기법
2. 비무장 공격 및 방어 기술
3. 관찰 및 감시
4. 탑재된 무기의 사용방법
5. 무기 훈련
6. 최소 폭발물 위험 위치인지, 승무원의 임무와 책임, 항공기
   성능 및 객실 장비 등 일반적인 교육
7. 테러 정세 및 국가 대 테러 활동 체계
8. 운항승무원과 항공보안요원 간 위협수준에 따른 현실적
   시나리오를 통한 객실 내 상황 또는 관련 정보의 신중한 전달
   방법 또는 방식 등 항공기내보안요원의 교육은 초기과정과
   정기과정으로 나뉘며 초기과정의 교육을 받은 후에는 매
   12개월 마다 실습훈련을 포함한 최소 3시간 이상의
   정기교육을 받아야 한다.

Door locking indication

행복한 직업 찾기
나의 직업 스튜어디스·스튜어드

초판 1쇄 발행 2018년 1월 20일
초판 2쇄 발행 2020년 9월 15일

글 | 꿈디자인LAB
펴 낸 곳 | 동천출판

등   록 | 2013년 4월 9일 제319-2013-25호
주   소 | 서울특별시 서초구 효령로 60길 15(서초동, 202호)
전화번호 | (02) 588 - 8485
팩   스 | (02) 583 - 8480
전자우편 | dongcheon35@naver.com

값 15,000원
ISBN   979-11-85488-43-1 (44370)
            979-11-85488-05-9 (세트)